CATALOGUE

DES

GENTILSHOMMES

DE LORRAINE

ET DU DUCHÉ DE BAR

QUI ONT PRIS PART OU ENVOYÉ LEUR PROCURATION AUX ASSEMBLÉES DE LA NOBLESSE
POUR L'ÉLECTION DES DÉPUTÉS AUX ÉTATS GÉNÉRAUX DE 1789

Publié d'après les procès-verbaux officiels

PAR MM.

LOUIS DE LA ROQUE ET ÉDOUARD DE BARTHÉLEMY

DEUXIÈME LIVRAISON

PARIS

E. DENTU, LIBRAIRE	AUG. AUBRY, LIBRAIRE
AU PALAIS-ROYAL	16, RUE DAUPHINE

1863

Tous droits réservés.

CATALOGUE

DES

GENTILSHOMMES DE LORRAINE

ET DU DUCHÉ DE BAR.

BAILLIAGE DE NANCY.

Procès-verbal de l'Assemblée de l'ordre de la noblesse (1).

4 avril 1789.

(*Archiv. imp.*, B. III., 93. p. 249-283.)

Le chevalier de Boufflers, maréchal des camps et armées du roi, bailli d'épée.

D'Adhémar, pour un fief à la Neuveville.
D'Alincourt, pour le fief de Ville-en-Vermois.
Anthoine de Bacourt, chevalier de Saint-Louis, ancien capitaine de cavalerie.
Anthoine, l'aîné.
Anthoine, fils, proc.-général en survivance de la Chambre des comptes.
Bandinel de Courcelles, pour le fief de Préville.
Les héritiers de M. Barbara de Mazirot.
Le chevalier de Barbarin, lieut.-colonel d'un régiment provincial.
De Barville.
Le chevalier de Bassompierre.

---

(1) Nous croyons devoir faire observer qu'un certain nombre de familles nobles ont pu ne pas figurer dans les assemblées de Lorraine et du duché de Bar, pour cause d'absence, de maladie ou d'abstention.

Le prince de Beauvau.
De Bertinet, procureur du roi au bailliage de Nancy.
Billiard de Cheville, lieut.-colonel de cavalerie.
Le comte du Bois de Riocourt, chevalier, conseiller d'État, premier président de la Chambre des comptes.
Bona.
Le comte de Bouillé.
Le comte de Bourcier de Montureux.
Le comte de Bourcier, pour Houdemont.
De Bouteiller, chevalier, conseiller au parlement.
De Bouvier, chevalier, conseiller de la Chambre des comptes.
De Bouvier, co-Sgr d'Essay.
Le comte de Bouzey.
De Bréjot (Brégeot).
Breton de Lacour, professeur en droit.
Bugnot de Faremont, chevalier, ancien officier aux Gardes Lorraines.
De Busselot de Dommartin.
Cachedenier de Vassimon, chevalier, conseiller au parlement.
Le baron de Canon, marquis de Ville-sur-Illon.
Canon, chevalier de Ville, maréchal de camp.
Le comte de Cardon de Vidampierre, maréchal de camp.
De Carle.
Chailly, père.
Chailly, fils.
De Chailly de Bellecroix.
De Chailly de Dommartin.
Le comte de Chamissot, maréchal de camp.
Le comte Louis de Chamissot, capitaine de chasseurs.
Chardin.
De Chastenois.
De Collenet, chevalier, président à mortier au parlement.
Le vicomte de Crèvecœur.
De Croismard, pour Lenoncourt.
Le comte de Custine d'Aufflance.
Debraux.
Delisle de Moruel.
Desbouard, avocat général au parlement.
Desbourbes.
Desmarets, l'aîné.
Desmarets.
Dhurdt, chevalier, conseiller de la Chambre des comptes.
Didier, chevalier de Saint-Louis.
De Domgermain, ancien capitaine d'infanterie.
Drouot de Saint-Marc.
Le comte de Drouville.
Duhomme, officier.
Le comte Duhoux de Dombasle.
Dujard.
Dujard de Fleoville.
Dumagnoux.

Dumas, recteur de l'Université.
Dumas, fils, professeur en droit.
Dumesnil, avocat.
Dumesnil d'Hœville, chevalier de Saint-Étienne.
Durival, de l'Académie de Nancy.
Le comte Elliot ou Elliol.
Le baron de Ferriet.
De Ferriet, capitaine commandant d'artillerie.
De Feydeau.
Le baron de Fisson du Montet, chevalier, président au parlement, pour le fief du Montet.
De Fontenelle de Sorniville.
Le comte de Fontenoy.
Fourier-Delaborde.
De Fremmery.
Friant d'Amicourt, officier au régt de Lorraine.
De Friant d'Amicourt, officier au régt de Forez.
Le marquis de Fussey, bailli de Bourmont.
De Garaudé, chevalier, conseiller au parlement.
Gaulthier, chevalier, conseiller de la Chambre des comptes.
Gaunin, avocat.
Le baron de Gelnoncourt.
Le chevalier de Gelnoncourt.
De Gellenoncourt, le jeune.
Gerard d'Hannoncelles, chevalier, conseiller au parlement.
De Germiny.
Le comte de Girecourt.
Grandjean, avocat.
Grandjean de Bouzanville, avocat.
Guerre de Saint-Odille.
Guilbert.
De Guilbert, le jeune.
Guilbert de Pixerecourt.
Guillaume, professeur en droit.
D'Hance, chevalier, conseiller de la Chambre des comptes.
Hanus de Dommartin.
Harmand de Bénaménil, chevalier, conseiller au parlement.
Le marquis du Hautoy.
Le comte d'Hedival.
Le comte d'Hofflize, cordon rouge.
Le chevalier d'Hofflize.
Le marquis d'Hudicourt de Lenoncourt.
Huin de Raville.
Husson.
Jadelot, avocat.
Jadelot, professeur en médecine.
De Jobard.
Le chevalier de Jobard, chevalier de Saint-Louis.
De La Barollière.
De Ladoubart.

De la Lance, ancien officier au régt de Lorraine.
Le chevalier de Lallement.
Lambert de Baillyhico.
Le comte de la Noue.
Le marquis de Lattier, pour Frouard.
Leclerc de Vrainville, chevalier, conseiller de la Chambre des comptes.
Lefebvre, l'aîné.
Lefebvre, le jeune.
Le chevalier Lefebvre d'Holvetz.
Lefebvre de Montjoie, chevalier, président de la Chambre des comptes.
Le Geay, chevalier, conseiller à la Chambre des comptes.
Le comte de Leviston.
De Lombillon.
Le marquis de Ludre, pour Frolois.
Le comte de Ludre, pour Richarmenil.
Le marquis de Ludre.
Le comte de Lupcourt, pour le comté de Lupcourt.
De Macdonnell.
De Macdermots.
Magnien de Serrières.
De Magneinville, père.
De Magneinville, fils.
De Magny, père, chevalier, conseiller de la Chambre des comptes.
De Malartic, lieutenant de roi, à Nancy.
De Manesy, maire royal de Nancy.
De Marcot, chevalier, conseiller au parlement.
Marizien, père, trésorier de l'empereur.
Marizien, fils, substitut au parlement.
Mathieu, Sgr du vicomté de Dombasle.
De Maudhui, chevalier, avocat général de la Chambre des comptes.
Mengin de la Neuville, lieutenant général du bailliage.
Mengin de la Neuville, fils, chevalier, conseiller au parlement.
De Mercy, ancien officier au régt de Royal-Roussillon.
Le comte de Merigny.
De Metz.
Michel.
Micque d'Heillecourt.
Millet de Casenove.
Millet de Chevers, chevalier, conseiller au parlement.
Le comte de Montluc, capitaine au régt du roi.
De Montmort, ancien officier aux grenadiers de France.
Le vicomte de Montureux.
De Moulon, chevalier, conseiller de la Chambre des comptes.
Le marquis d'Ourches, de Tantonville.
Le comte d'Ourches, pour Ourches et autres lieux.
Perrenet du Magny.
Poirot de Valcourt, commissaire des guerres.
Mme Protin de Vielmont, douairière de M. de Vernon.
Le marquis de Raigecourt.
De Rancé, chevalier, conseiller de la Chambre des comptes.

Raulin de Maxéville, pour Maxéville.
De Reboucher.
Rebour.
Le comte de Reims, ancien officier des gardes françaises.
Renaud d'Ubexi, chevalier, conseiller au parlement.
Le comte de Rennel, pour un fief.
Le comte de Rennel, fils.
Le chevalier de Reste.
Le baron de Richard.
Richard de Lesse.
Richard.
Riston.
Guillaume de Rogeville, chevalier, conseiller au parlement.
De Roguier, chevalier, doyen de la Chambre des comptes.
De Roguier fils, chevalier, conseiller au parlement.
Le comte de Remoncourt.
De Rouot, chevalier, président à mortier au parlement.
De Rouot, ancien officier au régt de Lorraine.
Rouot de Fossieux, chevalier de Saint-Lazare.
Roxard de la Salle, fils.
Rozières, l'aîné.
Rozières, le jeune.
Le comte de Rutant, pour Saulxure.
De Saint-Blaise.
De Saint-Germain.
De Saint-Remy.
Le marquis des Salles.
De Seichamps.
De Silly, capitaine dans le régt de Bourbonnais.
Sirejean, avocat.
Sirejean, avocat du roi.
Sirejean du Reclus.
De Sivry, chevalier, président à mortier au parlement, Sgr de Remicourt et de Villers-les-Nancy.
De Sivry fils, chevalier, conseiller au Parlement.
Sonini, pour Manoncourt.
De Stack de Roncourt.
Thibault.
Thibaut d'Abaumont, chevalier de Saint-Louis.
Thibaut de Montbois, chevalier, conseiller en la Chambre des comptes.
Thiriet.
De Thomassin, chevalier, conseiller en la Chambre des comptes.
Thomassin de Chamois.
Le comte de Toustain de Viray, maréchal de camp, Sgr du fief de Ba-thlémont.
Le comte François de Toustain, capitaine de cavalerie.
Le baron de Vallée.
Vallet, pour le fief de Villey.
Le baron de Vassimon, chevalier, conseiller au parlement.
De Vassimon de Mettendal, chevalier de Saint-Louis.

Le marquis de Vaubecourt, pour Custine.
Vaultrin.
Vaultrin Saint-Urbain.
Antoine de Vendœuvre.
De Venette.
Le comte de Vidampierre, l'aîné.
Le comte de Vierme.
De Vigneron de Lozanne.
De Vigneron de Lozanne, chevalier, conseiller au parlement.
Le chevalier de Watronville, le jeune.
De Watronville de Briessambeau.
Le chevalier de Watronville.

BAILLIAGE DE BLAMONT.

Procès-verbal de l'Assemblée de l'ordre de la noblesse.

16 mars 1789.

(*Archiv. imp.*, B. III., 93. p. 370-374.)

Abram de Vaxoncourt.
De Barail de Bussène.
De Bénaménil, Sgr de Chazel.
De Cheville, Sgr de Montreux.
De Coussey, Sgr de Barvil.
Le baron de Laugier, Sgr de Belcourt.
Le Clerc, écuyer.
Le Paige, chevalier de Saint-Louis.
De Marnieu, Sgr du marquisat de Grandseille.
De Mitry, Sgr d'Orpaix (comte de Mitry).
Mme la comtesse de Pindray, dame de Foucray.
Mme Poirson, dame de Leintrey.
Le duc de Richelieu, Sgr de Foucray.
De Rouot, Sgr de la Grandhaye.
Le baron de Sailly, ancien capitaine au service de l'empereur.
Le chevalier de Sailly, capitaine de grenadiers au régt de La Fère.
Le prince de Salm, Sgr d'Avricourt.

BAILLIAGE DE LUNÉVILLE.

Procès-verbal de l'Assemblée générale des trois ordres.

23 mars 1789.

(*Archiv. imp.*, B. III., 93. p. 401-425.)

NOBLESSE.

Charles-Just de Beauvau, maréchal de France, prince du Saint-Empire, grand d'Espagne de première classe, chevalier des ordres du roi, gouverneur et lieutenant général du roi en Provence, etc., bailli d'épée de Lunéville et de Bar.

Louis-Joseph-Nicolas-Pierre-Dieudonné Abram de Vaxoncourt, conseiller des finances de S. M. I., commissaire du duc de Toscane en Lorraine.

Dame Anne-Thérèse, née comtesse d'Amerval, épouse non commune en biens de Pierre-Louis, vicomte de Brachet, chevalier de Saint-Louis, Sgresse de Bauzemont.

François-Pascal-Gabriel d'Aristay de Châteaufort, chevalier, capitaine de dragons, Sgr de Delouze et de la Ménagerie.

Jean-Baptiste Bizouard de Verrey, chev., mestre de camp de cavalerie.

Haut et puissant Sgr François-Dieudonné, comte de Bourcier de Montureux, capitaine au régt de Royal-Picardie, cavalerie, Sgr d'Arracour.

Georges-Gabriel Bourcier, comte de Montureux, officier au régt d'Alsace, Sgr de Valhey.

Joseph de Camerlander, écuyer.

François de Chuy d'Armenières, chevalier, ancien gendarme du roi, lieutenant de cavalerie.

Haut et puissant seigneur messire Joseph-Louis-Bernard, comte de Clairon d'Haussonville, de Moissy, de Broue, de Montagne, chevalier des ordres du roi, lieutenant général de ses armées, etc., Sgr de Matexey.

Haut et puissant seigneur messire Michel-Joseph de Cœurderoi, chevalier, conseiller du roi en tous ses conseils, premier président du parlement de Nancy, Sgr d'Einville au Jard et du fief de Vaudrecour.

Haut et puissant seigneur Louis-Pierre, marquis de Croismare, chevalier, Sgr de sa terre et marquisat de Croismare, capitaine de dragons.

Albert-René Desbrochers Deloge, chevalier, résidant à Einville.

Desbrochets Deloges.

Antoine Didelot, chevalier, conseiller avocat, procureur du roi en la capitainerie du feu roi de Pologne.

Nicolas-Joseph Doré de Crépy, chevalier, président à mortier au parlement de Nancy, Sgr de Mehon.
Claude-Antoine Duban, chevalier, Sgr de Parax, résidant à Nancy.
Nicolas-Ferdinand de Feriet, chevalier, ancien officier de cavalerie, chevalier de Saint-Lazare.
Haute et puissante dame Françoise-Christophe de Ferriet, comtesse de Rousselot d'Hédival, douairière de haut et puissant seigneur Charles-Joseph, comte de Rousselot d'Hédival, Sgresse de la Rochelle.
Haut et puissant seigneur messire Maxime-Chrétien, comte de Ficquelmont, Sgr et baron de Paroy.
Augustin-François de Foucault de la Perrière, chevalier, garde du corps du roi.
Léopold-André Fournier, chevalier, capitaine d'infanterie au service de S. M., Sgr de Bathlemont.
Jean-Louis Fourrier de Hincourt, Sgr dudit lieu, conseiller au parlement de Nancy.
Antoine-Stanislas-Nicolas-Pierre Fourrier Jankowitz de Jeszenieze, chevalier.
Charles de France, écuyer, chevalier de Saint-Louis, ancien maréchal des logis de la gendarmerie, capitaine de cavalerie.
Paul-François Guerre, écuyer, avocat au parlement de Nancy, Sgr de Saint-Odile.
Joseph-Nicolas Harmand de Benaménil, chevalier, conseiller au parlement de Nancy.
Haute et puissante dame Mme Anne-Françoise-Alexis, née comtesse du Hautoy, douairière de haut et puissant seigneur, comte de Chatenay, baron de Saint-Vincent en Bresse, Sgresse de Haraucour et de Laborde.
Charles-François Hennequin, comte de Curel, premier gentilhomme de la Chambre du feu roi de Pologne.
Messire Charles-Nicolas Huyu, chevalier, Sgr de Raville et de la petite Blainville.
François-Louis de Jeger, chev. de Saint Louis, capitaine de cavalerie.
Claude de la Lande, chevalier, lieutenant de cavalerie et chevalier de Saint-Louis.
Claude-François-Hippolyte de la Lande, chev., lieutenant de cavalerie.
Joseph-Pascal de Lamouilhe, écuyer, chevalier de Saint-Louis.
Nicolas-Fiacre de Lasowki, écuyer, officier au régt Royal-Hesse-Darmstadt.
Antoine-African le Baron Le Grand de Rehainviller, capitaine au régt du colonel général, infanterie française et étrangère, Sgr de Rehainviller.
Christophe-Michel Lefebvre, chevalier, Sgr de Montjoie, président à la Chambre des comptes de Nancy.
Haut et puissant seigneur messire Mathieu-Joseph, vicomte de Ligniville, comte du Saint-Empire, ancien capitaine des vaisseaux du roi.
Jacques, chevalier de Livron, chevalier de Saint-Louis.
Haut et puissant seigneur Jean-Baptiste de Mahuet, comte de Lupcourt, Drouville, chevalier de Saint-Louis, mestre de camp de cavalerie, et ancien ministre plénipotentiaire de S. M. à la cour de Bruxelles.

Antoine-Simon de Maillère, chevalier, gouverneur des villes de Denœuvre et Baccarat.
Nicolas-Charles-Jean-Christophe de Maillère, chevalier, major au régt Royal des vaisseaux, chevalier de Saint-Louis.
De Manessy, chanoine de l'église cathédrale de Toul, Sgr de Maixe.
Christophe-Sébastien Marchis, chevalier, Sgr de Grange, Gremifontaine et autres lieux, ci-devant conseiller d'épée au bailliage de Lunéville.
Joseph-Hyacinthe du Mesnil d'Ohéville, chevalier de justice de l'ordre sacré royal et militaire de Saint-Etienne pape et martyr, Sgr d'Ohéville.
Jean-Nicolas Michel Gentilhomme résidant à Lunéville.
Jacques-Christophe Nollet de Malfoüé, ci-devant porte-étendard de gendarmerie, colonel de cavalerie, chevalier de Saint-Louis.
Dominique Oheguerti, comte de Magnières.
François-Xavier-Maximilien, comte d'Ollone, maréchal des camps et armées du roi, Sgr de Vraycour.
Pierre-François-Gabriel d'Ollone, Sgr haut justicier de Fauconcour, major d'infanterie, aide maréchal général des logis de l'armée.
Haut et puissant seigneur Anne-Bernard-Antoine, marquis de Raigecour, chevalier, gentilhomme d'honneur de Monsieur, frère du roi, capitaine de dragons.
Haut et puissant seigneur Charles-Alexandre-Bernard-Théodore-Philippe-Etienne, comte de Raugrave, maréchal des camps et armées du roi, Sgr de Serres.
Léopold-Remy, baron de Ravinel, capitaine au service de S. M. I., Sgr d'Athienville, Boncour et autres lieux.
Pierre-Dominique-Guillaume de Rogeville, chevalier, conseiller au parlement de Nancy.
Ernest-Flavien Rouot, chevalier, président à mortier au parlement de Nancy, Sgr de Bratte et de Flin.
Hubert-Charles Sonnini Farnèse, écuyer, Sgr de Manoncourt, officier de cavalerie.
François-Louis Thiébaut de Menouville, maréchal des camps et armées du roi, chevalier de Saint-Louis et de la société de Cincinnatus.
Louis-Antoine Thiébaut de Menouville, chev., Sgr de Villers et Jambrot, ancien lieutenant-colonel du régt de Hainaut, chevalier de Saint-Louis et de la société de Cincinnatus.
Pierre-Charles du Valpoutret de Bourge, écuyer, résidant à Einville au Jard.
Pierre-Eustache du Valpoutret de Vannoise, écuyer, avocat en parlement.
François-Antoine de Vaux, écuyer, ancien lecteur du feu roi de Pologne.

BAILLIAGE DE NOMÉNY.

Procès-verbal de l'Assemblée générale des trois ordres.

16 mars 1789.

(*Archiv. imp.*, B. III., 93. p. 495-504.)

NOBLESSE.

Godefroy Fourrier de Bacourt, écuyer, conseiller du roi, lieutenant général civil et criminel du bailliage de Nomény, en l'absence de M. de Marsanne, bailli d'épée.

Nicolas-François de Bourlon d'Oziancourt, Sgr de Fossieux et Lixières.

Joseph-Michel de Cœurderoi, chevalier, premier président au parlement de Nancy, Sgr d'Aulnoy et Ajoncourt.

Charles-Gabriel Danglards (*alias* d'Anglars), chevalier de Saint-Louis, Sgr du fief de Cranicourt.

Antoine-Nicolas Dubois de Riocourt, chevalier, conseiller au parlement.

François-Joseph de Feydeau, Sgr pour un quart de Saint-Martin.

Pierre Fourier, écuyer, ancien officier au régt Dauphin, Sgr du fief de Florimont.

Jean-Pierre Fourrier, écuyer, Sgr de Bacourt, etc., ancien lieutenant général au bailliage royal de Nomény.

Mlle de Greiche, dame pour un quart de Saint-Martin.

Mme Marie-Nicole, née comtesse d'Hofflize, baronne de Tons, veuve et douairière de Jean-Baptiste-Marc, comte de Toustain-Viray, chevalier de Saint-Louis, etc.

Marc-Antoine, baron de Mahüet et du Saint-Empire, capitaine de cavalerie, grand-bailli de Lixheim, etc.

Sigisbert de Mahuet, comte de Coyviller, Sgr de Mailly et autres lieux.

Philippe-Pascal de Mariol, chevalier, Sgr de Manoncourt, procureur général en survivance et avec exercice au parlement de Nancy.

Mme Louise de Marion, dame de Phlin, douairière de M. Flutot de Domgermain, chevalier de Saint-Louis, maréchal de camp.

Anne-Bernard-Antoine, marquis de Raigecourt, chevalier, Sgr de Taizey et autres lieux.

Anne-Françoise-Scholastique, comtesse de Rennel, veuve de M. Charles-François, comte de Rennel, dame pour moitié de Saint-Martin.

Harmand Roüot, officier des canonniers gardes-côtes.

De Silly, Sgr de Francs.

Le marquis de Toustain, lieutenant général des armées du roi, Sgr en partie d'Abbancourt.

François-Etienne, comte de Toustain, aîné, capitaine de cavalerie au régt de Royal-Guienne.

BAILLIAGE DE ROZIÈRES.

Procès-verbal de l'Assemblée générale des trois ordres.

16 mars 1789.

(*Archiv. imp.*, B. III., 93. p. 550-568.)

NOBLESSE.

De Beauchamp.
Louis-Benoît de Bellerose, chevalier, Sgr de Clayeures.
Mme de Bey, ou de Bry.
François-Alexandre Bugnot de Farémont, Sgr du fief de Monteauve.
Chambray.
La baronne de Chatillon, dame de Saint-Urbain.
Nicolas-Colin de Benaville, écuyer, Sgr de Xoudailles.
Drouot, Sgr de Saint-Marc.
Dumontet.
Le comte des Fours.
Le comte d'Haussonville.
Joseph-Louis-Antoine d'Humbert de Tonnoy.
Anne-Henriette Le Changeur, douairière de M. de Tonnois père, mère et gardienne noble de Charles-Antoine Humbert de Tonnois, Sgr de Velle.
De la Galaizière.
Jean-Joseph Lambert de Bouvron, écuyer, chevalier de Saint-Louis, capit. de cavalerie.
Le comte de Mailly, Sgr de Coiviller.
Antoine-Hyacinthe de Marcol, Sgr de Blenhor.
Mathieu, Sgr de Dombasle.
Millet de Chevers, chevalier, conseiller au parlement de Nancy, Sgr de Chevers.
Étienne-François, baron de Ravinel, chevalier.
Charles-Gabriel Regnauld, baron de Chatillon et Claude-François de Chatillon, fils, Sgrs de Vigneulles.
Nicolas-Balthazar-François-de-Paule, comte de Rennel, officier au régt Dauphin-dragons.
Le comte de Rennel, père, Sgr de Mehoncourt et Bremoncourt.
De Rurange.
Le comte de Rutant, Sgr de Froville.
Nicolas-Joseph de Sarrazin, Sgr du fief de Velle.
Marie-Louis-François, baron de Saudoucq, capitaine au régt de Colonel-général des hussards, Sgr de la Crayère.
Claude-Joseph Sauvaget, écuyer.

Jean-Nicolas Souchot, écuyer, Sgr du fief de Porcieux.
Mme de Tonnoy, dame de Xandronvillers.
Mme d'Youken.

BAILLIAGE DE VÉZELISE.

Procès-verbal de l'Assemblée générale des trois ordres.

16 mars 1789.

(*Archiv. imp.*, B. III., 93. p. 623-641.)

NOBLESSE.

Didier, comte d'Ourches, chevalier, marquis de Tantonville, premier chambellan de Monsieur, frère du roi, chevalier de Saint-Louis, de Saint-Lazare et de N. D. de Mont-Carmel, bailli d'épée.

Le comte d'Alençon, chevalier, Sgr de Baux, Naives en Blois, etc.
Scipion-François-Mathias, comte d'Alençon et de Vandeville.
Joseph-Sigisbert Arnould de Premont, chevalier, Sgr de la baronnie de Sirey en Vosge, de la terre de Maisière et du fief de Prémont, ancien officier de dragons au service de France.
D^lle Magdeleine Arnould de Prémont, dame de Prémont et douairière d'Innocent-Hector de Mailhard, comte de Landreville, chevalier, ancien chambellan de S. M. le roi de Pologne, chef de brigade de ses gardes, chevalier de Saint-Louis, etc.
De Beaumont.
Charles-Juste de Beauvau, prince du Saint-Empire, maréchal de France, etc.
De Barville.
Marie-Anne-Elisabeth, née comtesse de Bourcier de Montureux, dame du fief de Crantenois.
De Bourgogne.
Adrien-Gabriel de Champagne, chevalier, comte de Bousey, baron de Vitrey.
Antoine de Chaumont, chevalier, marquis de la Gatelière, Sgr de Maseille Legnion, intendant d'Alsace, Sgr de Chaumont sur Moselle.
Charles-Christophe de Cossu père, écuyer.
Charles de Cossu fils, écuyer.
Bernard Dilloux.
François Drouot de Saint-Mars, conseiller en ladite Chambre des comptes, propriétaire des dîmes inféodées à Goviller.

Dame Anne-Elisabeth Ducoin, douairière de M. Joseph-Léonard de Mussey, chevalier, Sgr de Forcelles Saint-Georges, conseiller d'Etat, dame dudit lieu.
Dame Marie-Eléonore Ducoin, épouse de Charles-Antoine de Lombillon d'Abancourt.
Le comte Duboux de Dombasle, Sgr de Courcelles et autres lieux.
François Duperat, chevalier de Saint-Louis, capitaine au régt de Conti.
De Feriet.
Dominique de Feriet, chevalier, Sgr de Pulligny, Ceintrey, etc., doyen des conseillers de ce bailliage.
Charles-Louis de Féron, écuyer, Sgr du fief de Bellefontaine.
Pierre de Féron, écuyer, Sgr du fief de la Cour en la baronnie de Vilrey.
Jean-François-Charles Grandjean, écuyer, Sgr de Bouzanville, avocat au parlement de Nancy.
Guyot de Lorrey.
Le Roy de Lagrange, chevalier, Sgr de Tourailles et Dochey, major des grenadiers royaux et chevalier de Saint-Louis.
Nicolas-Marie-Gabriel de Lahausse, écuyer, procureur du roi en ce bailliage.
Dieudonné de la Ruelle, écuyer, Sgr de Thuilley-aux-Groseilles.
La comtesse de Lavaux de Saint-Ouin.
Le comte Le Bègue, du Saint-Empire et de Germiny.
Paul Le Duchat, écuyer, Sgr de Flanville.
La dame de Lixières.
De Ludre.
François-Henri-Emmanuel Mainbourg, chevalier, capitaine au régt de Salm-Salm, infanterie allemande.
Melchior-François de Malvoisin, Sgr d'Hammeville, vicaire général du diocèse de Besançon, chanoine de l'église cathédrale de Nancy.
Charles-Philippe de Massey, chevalier, Sgr de Forcelles Saint-Georges, capitaine au régt des chasseurs à cheval des Evêchés.
Le comte de Mérigny.
Nicolas-François de Metz, écuyer, avocat au parlement de Nancy, et substitut en la Chambre des comptes de Lorraine.
Jacques-Joseph, comte de Mitry, Sgr de Migny.
Nicolas-René Marguerie de Montfort, écuyer, résidant à Craon, bailli du marquisat dudit lieu.
Charles-François de Mortal, chevalier et Sgr d'Houdelmont, capitaine d'infanterie.
Antoine-Charles, chevalier de Mussey.
De Noirel.
Hubert-Dieudonné de Ravinel, baron du Saint-Empire, Sgr d'un fief à Hondreville.
César de Rochefort, écuyer, résidant à Vaudigny.
Nicolas-Hyacinthe, comte de Rousselot d'Hédival, chevalier, Sgr de Vroncourt.
De Saint-Privé.
Le prince Constantin de Salm-Salm, Sgr de Pulligny et Voinemont.
Emmanuel-Henri-Oswald-Nicolas-Léopold, prince de Salm-Salm, maréchal des camps et armées du roi, propriétaire d'un régt de son nom.

Dominique-François de Tervenans, chevalier, Sgr d'Etrival.
Louis de Thiballier, chevalier, Sgr des fiefs de Dommarie et Eulmont.
Ferdinand de Thiballier, chevalier, Sgr du fief de Souveraincourt.
Antoine de Thomassin, conseiller en la Chambre des comptes de Lorraine, Sgr du fief de Montbayon.

BAILLIAGE DE SARREGUEMINES.

Procès-verbal de l'Assemblée générale des trois ordres.

30 mars 1789.

(*Archiv. imp.*, B. III., 133. p. 137-153.)

André, marquis de Chamborant, Sgr de Villemandeur, Buron, la Picardière, et autres lieux, lieutenant général des armées du roi, commandant dans la province de Lorraine allemande, etc., bailli d'épée du bailliage royal d'Allemagne séant à Sarreguemines.

DÉPUTÉS DE LA NOBLESSE PAR BAILLIAGES.

Sarreguemines. Nicolas-Antoine Joly de Morey, chevalier, Sgr de Morey, Moncel et Wittring, lieutenant des maréchaux de France à Nancy.

Jean-Népomucène-Louis Le Masson d'Issoncourt de Reittervaldt, chevalier de Saint-Louis, ancien brigadier des armées du roi, domicilié à Boucquemont.

Dieuze........ Bluickard-Maximilien-Augustin, comte de Helmestatt, libre baron de l'Empire, memb. de la noblesse immédiate de Souabe, Sgr de Morhange, mestre de camp de cavalerie au service de France, chev. de Saint-Louis.

Louis-Gabriel, comte de Gomer, maréchal des camps et armées du roi, commandeur de Saint-Louis, inspecteur général du corps royal d'artillerie de France.

Château-Salins. Nicolas-Jean-Joseph-François-Xavier de Thomassin de la Fortette, chevalier, Sgr d'Hénamenil et Crion, lieutenant général du bailliage de Château-Salins.

Bitche......... Charles-Maurice Bouttier, ancien conseiller au parlement de Metz.

Lixheim	Adam-Philippe, comte de Custine, chevalier de Saint-Louis et de Cincinnatus, maréchal des camps et armées du roi, inspecteur général de cavalerie, etc.
Fénétrange.....	Jean-Baptiste-Félix Lambert de Batissier, *alias* Ballyhier et Balyssier, procureur du roi au bailliage de Fénétrange.
Boulay.........	François-Dominique de Morey, chevalier, Sgr d'Elvange Marange et Saint-Boing, procureur syndic des deux premiers ordres au district de Boulay Jean-Louis-François-Philippe de Taillon de Valmont, chevalier, Sgr en partie de Valmont.
Bouzonville et Chambourg.	Charles-Jean-Baptiste-Robert, marquis de Dampont, chevalier, Sgr de Schverdorff. Charles-Eloi-Ferdinand-Forget de Barst d'Hemestroff, Sgr du fief d'Hemestroff le Gros.

Assemblée du 21 mars 1789, à Sarreguemines.

(B. III. 133, p. 186, 208 et 344.)

Le marquis de Chamborant.
Constantin, prince de Loewenstein.
Destock (De Stock).
Le chevalier de Mackelot (Macklot d'Hellimer).
Reittervald, secrétaire de l'ordre.
D'Hausen de Remelfring.
Maurice de Piersberg (de Siersberg).
De Sandouck (De Sandoucq).
D'Etienne de Lioux (Estienne de Lioux). (*)
De Geyer d'Orth.
De Hurd (De Hurdt).
Le chevalier Déwaulx (De Vaux).
De Morée.
Hausen de Weidesheim.
De Humbert.

(*) Pierre-Jacques d'Estienne de Chaussegros, chevalier, Sgr de Lioux, chevalier de Saint-Louis, capitaine au régt provincial d'artillerie de Metz, domicilié à Puttelange (*Archiv. imp.*. B. II, 64).

BAILLIAGE DE BITCHE.

Procès-verbal de l'Assemblée générale des trois ordres.

13 mars 1789.

(*Archiv. imp.*, B. III. 133. p. 390-398.)

NOBLESSE.

Charles-Maurice Boutier, ancien conseiller au parlement de Metz, gentilhomme, demeurant à Singling.
Dame Anne-Catherine-Maurice Boutier, douairière de François Boutier, à son décès, doyen des conseillers au parlement de Metz, dame du fief de Singling.
La comtesse de Bussy, dame du fief de Moranville.
De Germigny, Sgr du fief de Veiskirich.
Louis, baron de Vanoncle-de Venette, chevalier, Sgr de Schveyen, ancien capitaine d'infanterie.
Jean-Antoine de Villancourt, chevalier, Sgr de Schmidviller, ancien officier au service de France.
Le baron de Vitztum, Sgr du village d'Escheviller.
Jean-Daniel-Frédérich de Zoller, chevalier de Saint-Louis, ancien capitaine au régt d'Anhalt.
La dame Vilhelmine de Zoller, douairière, baronne de Montigny, dame du fief de Kesseler.

BAILLIAGE DE BOUZONVILLE.

Procès-verbal de l'Assemblée générale des trois ordres.

11 mars 1789.

(*Archiv. imp.*, B. III. 133. p. 571-589.)

NOBLESSE.

Le marquis de Toustain de Viray, chevalier, Sgr d'Abancourt, lieutenant général des armées du roi, bailli d'épée du bailliage de Bouzonville, absent.

— 19 —

De Barst de Hemmerstroff, y résidant.
De Bock, Sgr d'un fief à Rech.
La dame comtesse de Choiseul de Beaupré, dame Dalleine et de Teterchen.
Charles-Jean-Baptiste, marquis de Dampont, à Schverdroff.
Debelly, Sgr de Durcu, y résidant.
Decoulon, propriétaire d'un fief à Bérus.
Derechecourt, Sgr en partie de Merching.
Devaux de Relling, chevalier de Saint-Louis, capit. commandant au régt de Nassau.
Le baron d'Essenbach Zveyer, *aliàs* Devenbach de Zweyer, commandeur de l'ordre teutonique, à Becking.
De Fabre, *aliàs* de Fabert, officier au service de France, résidant au nouveau Forviller.
Forget de Barst, capitaine au régt de Hesse-Darmstadt.
La dame veuve Galaut, comme dame de Guertefang et Maherre, résidant à Fremmerstroff.
D'Han, conseiller de la Chambre des comptes, comme Sgr d'un fief à Kirff.
Charles, baron de Hausen, Sgr en partie de Reling, y résidant.
Philippe, baron de Hausen, Sgr de Reling.
De Heissel, officier retiré, demeurant à Evendroff.
La D^{lle} Henry, dame de Rennange, y demeurant.
De Hupen d'Evendroff, chevalier du Saint-Empire et de Saint-Louis, major d'infanterie.
De Keller, Sgr de Ramelfang.
Mme la comtesse de Landreville, à cause de sa Sgrie de Rennessay et Teding.
Dame Marie-Anne-Louise-Adélaïde-Madeleine-Françoise de Mailly, douairière comtesse de Coislin, dame du comté de Hemmerstroff.
De Mauritz, *aliàs* de Maurice de Siersberg, demeurant à Ilbring.
Le prince de Nassau Sarrebruck, duc d'Illing.
De Richard, baron d'Uberhern, y résidant, chevalier de Saint-Louis, ingénieur en chef au département de Sarrelouis.
Le comte de Roussy, Sgr de Kersprich-Hemmerstroff, y résidant.
De Roussy, Sgr de Kersprich.
La dame de Roussy, née de Barst de Saint-Osvald.
La dame veuve Sainte-Marie, née de Barst d'Ilzbach, *aliàs* d'Isback.
Le baron de Sarsberg, Sgr pour un quart à Teterchen.
La baronne de Schmithbourg, née Deltz, dame de la partie du château de Freistroff.
Le marquis de Villers, à Bourgèche.

BAILLIAGE DE SEDAN.

Procès-verbal de l'Assemblée générale des trois ordres.

23 mars 1789.

(*Archiv. imp.*, B. III. 141. p. 86-99.)

NOBLESSE.

Nicolas-Louis d'Estagnol, chevalier, Sgr de Saint-Pierre-sur-Vence, Champignelle et autres lieux, chev. de Saint-Louis, ancien capitaine de cavalerie, lieutenant des maréchaux de France, juge du point d'honneur de la noblesse des villes de Saint-Pons, Lodève, Agde et Pézénas, conseiller du roi, grand bailli d'épée des ville et bailliage de Sedan.

Marie-Prosper Angron, chevalier, Sgr de la Tanchère, chev. de Saint-Louis, major de la ville de Sedan.

Paulin Cantel Desbrulis, receveur général du tabac en la ville de Sedan.

Dame Luce-Louise Caza-Major de Monclarel, veuve douairière de M. François-Joseph Ferotin de Montagnac, chev. de Saint-Louis, demeurant au château de Lamoncelle.

Armand Chevaleau, chevalier, comte de Boisragon, Sgr de la Chenaye, chev. de Saint-Louis, premier capit. au régt de Chartres-infanterie.

François-Louis Dorival du Houleux, Sgr du Houleux, officier au régt de Bouillon-infanterie.

Jean-François-Félix Dorival de Fignamont, écuyer, Sgr des fiefs de la Coue et de la Corne, président de la Cour souveraine et commissaire général des ville et duché de Bouillon.

Jean-Bernard-Elie Desegaulx, capitaine commandant au régt de Beaujolais, demeurant à Sedan.

Nicolas-François Desprez de Barchon, Sgr de Gruelle et Rumelle, etc.

Jean-Baptiste-Madelaine de Failly, chevalier, Sgr de Villemontry, Girandeau, Antoizé, Le Vivier, etc.

Pierre-François Gigon, chevalier, Sgr de Saint-Simon, chevalier de Saint-Louis, commandant pour le roi des ville et château de Sedan.

Pierre-Rémy-Louis, comte de Hangest, chevalier, Sgr de Neufmunil, Fantigny, chevalier de Saint-Louis, lieutenant-colonel au régt de Bourbon-dragons.

Louis Labauche, écuyer.

Louis Labauche le jeune, écuyer, fils de Jean Abraham Labauche, demeurant à Sedan.

Louis-Pierre-Gabriel-Aimé Labauche de Bazeilles, écuyer.

Antoine-François de la Chevardière de la Grandville, Sgr en partie dudit lieu, capitaine au régt de Bouillon, chevalier de Saint-Louis.

Guillaume-François de la Chevardière de Bohan, Sgr en partie de Cons-la-Grand-Ville.
D^{lle} Elisabeth-Françoise de la Chevardière, dame en partie de Cons-la-Grand-Ville, y demeurant.
Dame Marie-Thérèse-Ernestine de la Mock, veuve de M. Antoine-François de la Chevardière, chevalier, Sgr haut moyen et bas justicier de Cons-la-Grand-Ville, dame en partie dudit lieu.
Les enfants de feu Jean de Meckenem, Sgr de la Malmaison, et de Marguerite-Magdelaine de Gentil, son épouse.
Nicolas Petit de Moranville.
Jean-Abraham-André Poupart de Neuflize.
Pierre-Louis Rœderer, écuyer, conseiller du roi en la Cour de parlement à Metz, Sgr en partie de Monthermé.
Charles-Antoine Rousseau de Gironne.
Jacques-Joseph de Rouville, écuyer, demeurant à Laforge ban de Gironne.
Louis-François, chevalier de Saint-Simon, chevalier de Saint-Louis, aide major de la ville de Sedan.
Bernard, vicomte de Vissec de la Tude, chevalier de Saint-Louis, Sgr pour un quart de la Sgrie de Pouru Saint-Rémy, etc., ancien capitaine d'infanterie, demeurant à Carignan.
Jean-Maurice, chevalier de Vissec de la Tude, chevalier de Saint-Louis, Sgr pour moitié des fiefs de Maugré, Tubion et Tussigny, ancien capitaine d'infanterie, demeurant à Sedan.

BAILLIAGES DE CARIGNAN ET MONTMÉDY.

Procès-verbal de l'Assemblée générale des trois ordres.

17 mars 1789.

(*Archiv. imp.*, B. III. 141. p. 349-375.)

NOBLESSE.

Charles-Joseph Delahant, avocat en parlement, ancien conseiller, procureur du roi au bailliage des cas royaux d'Ivoy-Carignan, présenté au roi pour l'exercice des offices de conseiller du roi, bailli et lieutenant général au même bailliage.
Christophe-Gabriel, baron de Baumont, chevalier, Sgr de Flassigny la grande et la petite, Villers-Claye, etc.
Christophe de Béran de Courville, écuyer, prêtre et Sgr en partie de Thonne-les-Prés, etc.
Charles-François de Béran Darincourt, écuyer, chevalier de Saint-Louis,

de Saint-Lazare et de Mont-Carmel, capitaine commandant au régt de Bretagne, Sgr du fief d'Haranchamp.

Le comte de Chamisot, Sgr en partie de Thonne.

Jean-François Chardon de Watronville, écuyer, Sgr de Breux dans la prévôté de Montmédy, officier dans le régt de Champagne.

Le comte de Custine de Mandres, Sgr de Moiry.

Le comte de Custine de Wiltz, Sgr d'Auflance.

Jean-François-Olivier de Desse, écuyer, conseiller assesseur au bailliage de Carignan, Sgr de Limry, etc.

François-Dominique d'Espinette, écuyer, chevalier de Saint-Louis, ancien capitaine au régt de Royal-Alsace.

Jean-François-Dominique d'Espinette, lieutenant des grenadiers au régt de Dauphiné-infanterie.

Le baron de Failly, décimateur en partie du ban de Villers-Claye.

Charles-Antoine chevalier Gallaut, ancien commissaire ordonnateur des guerres, Sgr de Pourru-aux-Bois.

Mme la comtesse de Gevigny de Pointe, dame de Lombat, etc.

Jean-Dominique, chevalier d'Huart, chevalier de Saint-Louis, capitaine au régt provincial de l'artillerie de Metz.

Mme la marquise douairière d'Imécourt, comtesse de Custine, Brandeville, dame de Malandry.

Mme la vicomtesse de Landrezi, à Juès-les-Prés.

De Maillard de la Martinière, Sgr du fief situé à Thonne-le-Thil, capitaine au régt de Poitou.

Mme la baronne de Marche, dame en partie de Bazeilles et Villers-Claye.

Le baron de Marre de la Loge, Sgr d'un fief à Chauvancy le Saint-Hubert.

S. A. S. Mgr le duc d'Orléans, premier prince du sang, duc d'Orléans.

Paviot, écuyer, Sgr de Thonne-la-Long.

François de Perrin, vicomte de Brassac, Sgr de Montpigny, etc., capitaine au régt d'Auxerrois-infanterie.

Henri, baron de Reumont, chevalier, Sgr du fief de Frenoy, Sgr foncier de Blagny, chevalier de Saint-Louis, lieutenant de roi, commandant au gouvernement de Montmédy.

De Vilden, écuyer, Sgr en partie de Thonne-le-Thil, chevalier de Saint-Louis, capitaine de Royal-infanterie.

Bernard, vicomte de Vissec de la Tude, chevalier de Saint-Louis, capitaine d'infanterie.

Eugène-Albert-Joseph, baron de Wal, vicomte d'Authenne et Dauhan, Sgr de Poulsan, etc.

D^{lle} Marie-Antoinette-Julienne-Edouard, baronne de Wospernonne, dame de Laval, Bazeilles, et Villers-Claye, Velonne, etc.

BAILLIAGE DE MOHON.

Procès-verbal de l'Assemblée générale des trois ordres.

27 mars 1789.

(*Archiv. imp.*, B. III. 141. p. 482-492.)

NOBLESSE.

Jean-François Millet de la Mambre, conseiller du roi, lieutenant général du bailliage de Mohon.
Alexandre-Charles-Nicolas-Marie-Léonard, marquis de Moriolles, Sgr d'Estrépigny, Vrignes-aux-Bois, Beauclair, Beaufort, Montey Saint-Pierre et Montey-Notre-Dame.
Claude-Auguste Robin Cliquet, écuyer, Sgr de Flamainville et de Montigny-aux-Bois.

BAILLIAGE DE MOUZON.

Procès-verbal de l'Assemblée de la Noblesse.

16 mars 1789.

(*Archiv. imp.*, B. III. 141. p. 613-615.)

Le comte d'Amblimont, chef d'escadre des armées navales, Sgr en partie d'Amblimont.
Haute et puissante dame Charlotte-Ferdinand de Chauvelin, veuve de haut et puissant seigneur Marie-Louis-Charles de Wassinhac, vicomte d'Imécourt, comte de Loup et autres lieux, mestre de camp de cavalerie, major du corps de la gendarmerie, tutrice de ses trois enfants mineurs.
Dame Mme Marie-Thérèse née comtesse de Custine de Wiltz, dame d'Inor, de Malandry, Sarre et autres lieux, douairière de haut et puissant Sgr messire Innocent-Marie de Vassinhac d'Imécourt, chevalier, Sgr d'Imécourt, etc.
Duchéret, Sgr de Mairy.
Louis-Benoît, chevalier Duhoux, ancien capitaine d'infanterie, chevalier de Saint-Louis, demeurant à Cesle.
Gabriel-Nicolas d'Estagniol, chevalier de Saint-Louis, lieutenant des maréchaux de France au dépôt de Stenay en Clermontois.
Charles-Antoine de Saint-Vincent, chevalier, Sgr de Tetanne, Vincy et autres lieux.
Louis-Jacques Thuillier de la Chapelle, chevalier, capitaine de cavalerie à la suite des chevau-légers de la garde du roi, chevalier de Saint-Louis, Sgr de Franchecourt.

BAILLIAGE DE TOUL.

Procès-verbal de l'Assemblée générale des trois ordres.

16 mars 1789.

(*Archiv. imp.*, B. III. 147. p. 108, 124-134.)

NOBLESSE.

Mathias, comte d'Alençon, chevalier, Sgr de Braux et autres lieux, président du district de Toul.
Jean-François-Joseph, marquis d'Alsace d'Hénin Liétard, chevalier, comte de Bourlemont, Sgr de Dion le Val et autres lieux, chambellan de S. M. I., lieutenant-colonel à son service, Sgr haut, moyen et bas justicier pour moitié à Graux.
D^{lle} Jeanne-Eude de Bancavilliers, dame vouée en partie de Toul.
Joseph, vicomte de Bausset, chevalier, capitaine au régt des chasseurs à cheval de Guienne.
Jean-Henri, baron de Cholet de Clairey, chevalier, Sgr de Taillamont en partie, ancien officier pour le service du roi, Sgr de Clairey la Côte et de Jubainville.
Pierre-Auguste de Contet, écuyer.
Nicolas-François de Curel, chevalier, des anciens Sgrs de Curel, Sgr d'un fief à Royaumeix, capitaine en premier au corps royal du génie.
Jean-Louis Dedon du Clos, écuyer, chevalier de Saint-Louis, maréchal des camps et armées du roi.
D^{lle} Jeanne-Thérèse Duménil, dame en partie de Seraumont.
Jean-François Gautier de Rigny, chevalier, Sgr de la Tour de Bois Gourmon, ancien capitaine de cavalerie, chevalier de Saint-Louis.
Dame Marie-Marguerite Geoffroy, veuve de M. Etienne Le Lièvre, écuyer, commissaire ordonnateur des guerres, dame vouée de Toul, dame des fiefs de Fontenelle et Champ-sur-Eau.
Jean-Alexandre Guerre, écuyer, Sgr de la vouerie de Xeuilley.
Antoine d'Hardouyneau, chevalier, Sgr des fiefs de Manes et des Fontaines, capitaine d'infanterie au régt de Penthièvre.
Louis d'Hardouyneau, chevalier, ancien brigadier des gardes du corps du roi, chevalier de Saint-Louis.
Charles-Nicolas d'Hennezel, chevalier, Sgr pour un quart dans la vouerie de Penneron.
Dame Barbe d'Heyme, veuve de M. Charles-Joseph de Valory, dame de la vouerie de Blenod.
Jean-Victor Hugonin de Launaguet, écuyer, ancien capitaine d'artillerie, chevalier de Saint-Louis.
Nicolas-Louis, baron de Klopstein, chevalier, Sgr de la première moitié divise de Colombey-la-Fosse, gentilhomme de la chambre du prince de Hohenlohe, chevalier et commissaire de l'ordre du Phénix.

Jean-Baptiste Paul Le Lymonier de la Marche, chevalier, Sgr en partie de Chovatel, membre né des Etats de Bretagne.
Jean-Louis de Leviston, chevalier, des comtes de la maison de Leviston, chevalier de Saint-Louis, ancien capitaine d'infanterie.
Joseph-Pierre de Malaumont, écuyer, Sgr de Graux et Naives en partie.
François-René Marcha de Saint-Pierre-Ville, chevalier, capitaine au corps royal d'artillerie, chevalier de Saint-Louis.
Laurent, comte de Migon, chevalier, Sgr de Ménil-la-Tour et autres lieux, chevalier de Saint-Louis, lieutenant colonel du régt des dragons d'Artois et chevalier de l'ordre noble de Saint-Hubert du Barrois.
Antoine-Nicolas Page, écuyer, ancien officier de S. M. I. résidant à Voir.
Pierre-Nicolas Pagel de Sainte-Croix, chevalier, capitaine d'infanterie, chevalier de Saint-Louis.
Jacques-Marguerite Pilotte de la Barollière, chevalier, lieutenant-colonel des chasseurs de Lorraine, chevalier de Saint-Louis, Sgr du fief de Molveaux.
Félix-Sébastien Poiron, écuyer.
Charles-Antoine, comte de Raguet de Brancion, chevalier de Lignan et Marmorat en Charoles, Sgr en partie de Royaumeix, maréchal des camps et armées du roi.
Mathieu Richard de Baumefort, écuyer, garde du corps du roi.
François-Hyacinthe Royer, Sgr de Bouvron, de la centaine et vouerie dudit lieu, propriétaire du fief de la ville de Toul.
Gérard-François de Taffin, chevalier, Sgr de Lianne et de Long-Prez, chevalier de Saint-Louis, lieutenant de roi, commandant à Toul.
Louis-Henry-Daniel de Valory, chevalier, capitaine d'infanterie au régt de Hainault.

BAILLIAGE DE VIC.

Procès-verbal de l'Assemblée générale des trois ordres.

23 mars 1789.

(*Archiv. imp.*, B. III. 147. p. 787-798.)

NOBLESSE.

D^{lles} Catherine et Sylvie, baronnes d'Armur, dames de Juvrecourt en la Grange-Fouquet.
Sigisbert Arnoult de Prémont, ancien officier de dragons, Sgr de la baronnie de Circy et autres lieux.

De Barville, Sgr en partie du Toupet et des dîmes d'Assondange.
Bertrand, chanoine, Sgr de Boucheporne.
Boutet de Puymaigre, Sgr de Tragny.
Jean-François de Cabannes de la Prade, écuyer, capitaine-commandant au corps royal d'artillerie des colonies, l'un des inspecteurs des forges et fonderies de la marine.
François de Cabouilly, écuyer, conseiller au parlement de Metz, Sgr du fief de Raucourt et du Toupet.
De Chatillon, Sgr de Port-sur-Seille.
Remy-Charles Chevalier, baron le Grand, lieut. au régt d'infanterie de Condé, Sgr de Chambrey.
La dame de Choiseul, comtesse de Montluc, douairière d'Haboudange.
De Cueillette de Vassoncourt, dame du fief de Bellange.
Le comte de Custine, Sgr des Bachats.
Le marquis de Custine, Sgr de Guermange.
Louis-Gaëtan-Benjamin Darmur (Armur), chevalier, Sgr de Juvrecourt et la Grange-Fouquet, capitaine au régt de cavalerie Royal-Normandie.
Demaret, Sgr de Gremmecey.
Le comte Dourche (Ourches), Sgr de Remereville.
Charles Dumas de Cultures, chevalier, lieutenant de roi, commandant de Marsal, Sgr du fief d'Ommeray, chev. de Saint-Louis.
Evrard de Vaulx Dachy, écuyer, ancien off. au régt de Hassau-infanterie, Sgr de Barst.
De Fouquet, Sgr de Bistenloff et autres lieux.
Fournier, Sgr de Bathelemont-lès-Bauzemont.
Mme de Gallonier, dame de la vouerie de Betting-Bas.
Jean-François des Guyots, écuyer, ancien off. au régt de Bauffremont-dragons, Sgr en partie de Remezing.
Marie d'Hamlin, marquis de Beaurepaire.
Le comte d'Haussonville, Sgr de Benestrof.
Le comte d'Hellimer.
Le comte d'Helmestat, Sgr de Hainguezanguo.
De Horne, chevalier, Sgr en partie de Tetting.
Le baron du Houx de Vioménil.
Pierre de Hugon d'Arincourt, Sgr en partie dudit lieu.
De la Garde de Fache, Sgr d'Erbeville-Lanoy.
Mme la comtesse de Lambertye, dame de Milbert.
Le Clerc, Sgr de Bathelemont-lès-Bauzemont.
Le Comte, Sgr des fiefs des Eaux de Mulcey.
Charles-Philippe-Jean-Baptiste Le Comte de Grammont, écuyer.
Charles-Louis Le Roi-Chavigny, comte de Montluc, chevalier, Sgr de la Cour et mairie de Riche et du fief d'Haboudange, capitaine au régt d'infanterie du roi.
Le Vasseur, Sgr de Vaucourt et de Martincourt.
Le vicomte de Ludre, Sgr de Port-sur-Seille.
Jean-Joseph Macklot, chevalier, Sgr en partie de Furst, Folcheviller, les-Lellin et Allin, gentilhomme ordinaire de la chambre du roi.
Philippe Mangay, écuyer, conseiller auditeur au parlement et chambre des comptes de Metz, Sgr en partie d'Hellering.

Jean-Joseph de Marion, écuyer, ancien off. au régt de Nassau-infanterie, Sgr de Betting-Haut.

Jean-Joseph-Félix de Martimprey de Villefond, chev. de Saint-Louis.

Mathieu, grand-maître des eaux et forêts de Lorraine, Sgr de Han-sur-Seille.

Henri-Pierre Mulet, baron de la Girouzière, chev. de Saint-Louis, commandant pour le roi à Sarrebourg, Sgr de Hellocourt et Videlange.

Jean-Eustache Potot, écuyer, conseiller-correcteur honoraire au parlement de Metz, Sgr de Puisot et en partie de Stock.

Nicolas-Charles Quenel, écuyer, secrétaire honoraire du roi, receveur de ses finances au bureau de Vic.

Regnier d'Arincourt.

Balthazar, comte de Rennel, chevalier de Saint-Louis, Sgr de Pettoncourt et Burthecourt.

Nicolas-Balthazar-François-de-Paule, comte de Rennel, officier au régt Dauphin-dragons.

Le duc de Richelieu, Sgr de Richecourt-le-Château.

Le chevalier de Romécourt (père de M. Jean-Joseph-Félix de Martimprey).

Thiébault de Menouville.

Alexandre-Claude Thieriet de Nedoncelle, écuyer, ancien capit. au régt de Monsieur, chevalier de Saint-Louis.

De Thomassin Duchomois, Sgr de Gremecey.

Henri-Dieudonné, baron de Vallée, chevalier, ancien lieutenant-colonel d'infanterie, pensionnaire du roi, chevalier de Saint-Louis.

De Valmont, Sgr de Mussy-l'Evêque.

François-Joseph de Vaulx-Dachy, écuyer, Sgr en partie de Remezing et de la Maison-Franche de Teting.

BAILLIAGE DE VERDUN.

Procès-verbal de l'Assemblée générale des trois ordres.

24 mars 1789.

(*Archiv. imp.*, B. III. 153. p. 119, 157-177.)

NOBLESSE.

Théodore Rouyer, conseiller du roi, lieutenant particulier au bailliage royal et siége présidial de Verdun, à raison de la vacance des offices de bailli et de lieutenant général.

D'Alnoncourt de Ville.

D'Alnoncourt de Ville, conseiller au parlement de Metz, Sgr de la Place.

Le comte d'Ambly, Sgr de la vouerie de Mouilly, du fief de Jouvency audit lieu, et Sgr de la terre et Sgrie des Ecuyers, à Genicourt.

D'Asnière, Sgr de Dicourt et Bourvaux (de Carrey).
Louis-Alexandre d'Attel de Winsberg, major du régt d'Auxerrois, chev de Saint-Louis et de Saint-Lazare.
Bacheley.
Mmes Madeleine-Catherine et Marie-Anne, comtesses de Bercheny, dames de Dieue.
Ignace de Bermond du Caylar d'Espondeilhan, chev. de Saint-Louis.
Ferdinand Bonnay de Nonancourt.
Philippe de Boulon.
Le chevalier de Boulon, Sgr en partie de Sivry-au-Val et de la vouerie de Dieulouard.
D^{lle} de Bouteiller, dame de Ville-en-Woivre.
François-Louis de Bouteillier, Sgr de Rinville.
Philippe-François-Edmond de Boutteville, chevalier.
François-Joseph de Carrière, écuyer, ancien off. d'infanterie.
Louis-Antoine-Benjamin Chastel d'Oriancourt de Villemont, Sgr de Boinville.
François-Henry de Cognon, chev. de Saint-Lazare, capitaine commandant au corps des mineurs.
Le comte de Choiseul, Sieur de Marchéville.
Le chevalier de Choiseul, Sieur de Marchéville.
Philippe-Alexandre-Joseph, comte de Condenhove, chevalier, Sgr de Vaudoncourt.
Philippe-François, baron de Condenhove, Sgr de Vaudoncourt, pour partie.
Louis-Ferdinand-Joseph, baron de Condenhove, Sgr en partie de Vaudoncourt.
Mme Marie-Thérèse, comtesse de Custine, dame de Brandéville.
Antoine-Gabriel Dejeandin (de Jandin).
Jean-Nicolas Desandrouins, maréchal des camps et armées du roi, Sgr du ban des Ecuyers à Dombasle.
Michel et Hyacinthe Desgodins, Sgrs en partie de Fresne.
Nicolas Drouot de la Cour, Sgr en partie de Villers-sur-Meuse.
Christophe-Hubert Drouot de Villers, son fils.
Louis Dugaz, chevalier de Saint-Louis.
D'Espondeilhan.
Thomas-Frédéric de Ficher, Sgr de la Plume, la Tronche et Grimaudet.
Mme Thérèse, née baronne Olivier de Forcel, douairière de M. de Mahuet, dame de Belleville, près Dieulouard.
Jacques-Pierre Fournel, écuyer, Sgr en partie de Rouvaux.
Nicolas Garaudé de Colvigny, écuyer.
François Gehon, Sgr d'Aix.
Jean-Baptiste-Gilbert Gérard, Sgr d'Hanoncelles.
Nicolas-François Grenet de Florimont.
Henry-Barthélemy, chevalier de Grimouard, chev. de Saint-Louis, lieutenant-colonel d'infanterie.
Jean-Charles Hallon, maréchal des camps et armées du roi.
Jean-Charles Hallot.
Jean-Baptiste-Claude Héniard, écuyer.

Louis Hémard, écuyer, ancien officier de cavalerie.
François-Xavier Hémard, écuyer, ancien off. d'infanterie.
Louis-Joseph Henry, Sgr en partie de Manheulle.
Maurice-Louis Henry, écuyer, Sgr d'Aulnois.
Maurice-Louis Henry, Sgr en partie du sixte d'Haudiomont et Villers-sous-Bonchamp.
Henry d'Herbemont, Sgr en partie d'Hennemont.
François-Louis Humbert, Sgr de Morey.
Huvet (le chevalier de Huvé).
Marie-Angélique Julien de Villerac, douairière de M. d'Huguen, dame de Ville-en-Woivre.
Claude-François de la Cour.
Claude-François de Lacour, Sgr en partie de Pintheville.
Valerin-Aimé-Claude-Louis, baron de la Grange, Sgr de Meranvaux.
Gabriel-Antoine de La Lance.
Gabriel-Antoine de La Lance, Sgr de Villiers devant Mangienne.
Jean-François de La Lance.
Jean-François, chevalier de La Lance.
Claude-Nicolas de La Lance.
Claude-Nicolas de La Lance de Fromereville.
Pierre de la Peche, écuyer.
D^{lles} de la Roule, aînée et cadette, dames en partie de Sivry.
François de La Salle, Sgr de Ville au Val et Villers-le-Prudhomme.
Joseph-François de Lassus, lieutenant-colonel au régt d'Austrasie.
Etienne-Louis Le Bachelé, écuyer.
Louis-Etienne Le Bachelé.
Le Goulon, Sgr en partie de Maugienne.
Joseph Le Goulon.
Louis-Joseph Le Goulon, chevalier.
Amand-René-Joseph Le Groz, Sgr de la Roche, chev. de Saint-Louis, capitaine commandant au régt d'Austrasie.
Jacques-Nicolas Lemoine, chevalier, Sgr d'Auberménil.
Jacques-Nicolas Lemoine d'Auberménil, chev. de Saint-Louis, major de la citadelle de Verdun.
Alexandre-Louis-Gabriel, comte de Léviston, Sgr de Reicourt.
Nicolas-François de Manheulle, écuyer.
François-Joseph de Manheulle, écuyer.
Masson, Sgr en partie de Delun.
Jean-Baptiste Mohon de Florimont, Sgr en partie de Delun.
Mme de Monchamp, dame de Marchéville.
Alexandre, chevalier de Montendre.
Charles-Jean de Nettancourt, marquis de Vaubecourt, baron d'Ornes, Sgr de la vouerie d'Haudiomont, etc.
Jean-Claude Oriot, comte d'Apresmont, Sgr des Tillombois.
Nicolas Petit, Sgr de la vouerie d'Haudiomont.
De Puygreffier.
Henry de Puygreffier, ancien capitaine de grenadiers royaux, chev. de Saint-Louis.
Jean-Sébastien-Pierre de Puygreffier, écuyer, Sgr en partie du ban des Eparges.

Joseph-Théodore-Pierre de Puygreffier, Sgr de Champlon.
Joseph-François Roton, écuyer, conseiller du roi au bailliage et siége présidial de Verdun.
Jean-Dominique Rouyer, chev. de Saint-Louis, ancien capitaine au régt de Champagne-infanterie.
Rouyn.
Jean-Baptiste de Rouyn, chev. de Saint-Louis.
Jean-Baptiste de Rouyn de Saint-Maurice.
Le comte de Rozière, Sieur de Marchéville.
Jacques-Pierre de Sabardin, baron de Watronville.
Charles de Saint-Vincent, Sgr en partie de Neuville.
Jacques-François de Saint-Vincent, Sgr du ban des Ecuyers et de Saint-Germain, à Dombasle.
Esprit-Claude-Pierre de Sivry.
Charles-Joseph, chevalier de Villavicentio.
Jacques-Louis de Vaudechamp, écuyer.
Jean-Baptiste, comte de Vissec de Latude, chev. de Saint-Louis, baron de Mureau.
De Watronville, Sgr de Pintheville pour partie.
Le comte de Wignacourt.
Conrard-Norbert de Wignacourt, chev. de Saint-Louis.
Mme Elisabeth-Barbe Willot de Ville, douairière de M. Nicolas-François Willaume, dame de Champneuvelle.

Etat de la Noblesse de Marville possédant fief.

MM. les abbé, prieur et religieux de Châtillon.
Pierre-Jacques, chevalier de Cordai.
Théodore-François, comte de Custine de Wiltz et de Loupy, Sgr en partie de Villers-le-Rond.
Mme de Lespine de la Clairaux, douairière de M. Nicolas, comte de Brie de la Clairaux, dame d'Allondrelle et de la Malmaison.
Mme Agnès Mariez, douairière de M. Le Chartreux, écuyer, propriétaire des dîmes de Lissey.
Les dames abbesse et religieuses de Saint-Amour, dames en partie de Pruvilliers.
Les doyen, chanoines et chapitre de la cathédrale, Sgrs en partie de Pruvillers.
Jean-Baptiste, baron de Reumont, comte du Saint-Empire, chevalier, Sgr en partie de Charancy.
Christophe-Gabriel, baron de Reumont, Sgr en partie de Flassigny-la-Petite.
Mme Marie-Appolline, née comtesse de Saintignon.
Le comte de Wiltz de Custine et de Brandeville.
Mme Marie-Julienne-Antoinette-Edouard de Wopersenow de Laval, dame en partie de Ville-le-Rond.

BAILLIAGE DE CLERMONT EN ARGONNE.

Procès-verbal de l'Assemblée générale des trois ordres.

19 mars 1789.

(*Archiv. imp.*, B. III. 153. p. 827, 861-894, 1021.)

NOBLESSE.

Augustin Rouyer, conseiller du roi, lieutenant-général au bailliage royal du Clermontois, y ayant la connaissance des cas royaux ; et Marie-Alexandre Dupré de Ballay, conseiller procureur du roi audit bailliage.
Jean-Baptiste-Louis de Bigault de Préfontaine, commandant et intendant du Clermontois, chev. de Saint-Louis, Sgr en partie de Cheppy.
André-Louis de Bigault de Fouchère, écuyer.
Louis-François de Bigault, écuyer.
Charles-Pierre de Bigault, chevalier de Cazanove.
François-Nicolas de Bigault de Boureuille, écuyer.
Jean-Jacques, chevalier de Bigault de Boureuille.
Jean-Louis de Bigault, écuyer, capitaine de cavalerie à la suite des gardes du corps du roi.
Charles-François de Bigault de Grenet, capitaine commandant au régt de Besançon-artillerie.
François de Bigault, écuyer, Sgr de Fouchère.
Claude de Bigault de Préfontaine, écuyer.
Charles-François de Bigault de Grandrut, écuyer.
Jean-Marie de Bigault de Parfouru, chevalier et Sgr en partie de Boureuille.
Charles-François de Bigauld, chevalier de Maison-Neuve.
Jean-Louis de Bigault de Grandrut, chevalier de Saint-Louis, capitaine de cavalerie, ancien maréchal des logis des gardes du corps du roi.
François-Nicolas de Bigault, écuyer, sieur de Boureuille.
Charles de Bigault de Cazanove, écuyer.
Nicolas de Bigault de Signemont, écuyer.
Nicolas-Remy de Bigault de Boureuil, écuyer.
Claude de Bigault, écuyer, ancien officier au régt de Vermandois.
Louis de Bigault d'Avocourt, écuyer.
Louis de Bigault de Signemont, chevalier, lieutenant-colonel des grenadiers royaux du régt de la Lorraine, chevalier de Saint-Louis, Sgr du fief de Bellecourt.
Jean-Baptiste-Louis de Bigault, chevalier, Sgr de Préfontaine, Granhau et Cheppy, chevalier de Saint-Louis, commandant et intendant de S. A. S. le prince de Condé, grand-maître des eaux et forêts de France.
Jean-François-Gaspard de Billaut, fils, Sgr de Marville, officier au régt de Royal-Champagne, cavalerie.

Gaspard de Billaut, chevalier, Sgr de Wally, Seigneul et autres lieux, ancien capitaine au régt Royal-Barrois, chevalier de Saint-Louis.
Charles de Bongard, écuyer, demeurant à Neuvilly.
Didier de Bonnaire, écuyer, chef d'escadron au régt de Bercheny-hussards, chevalier de Saint-Louis, propriétaire de fief, à Forges.
Jacques de Bonnay, lieutenant-colonel d'artillerie, chevalier de Saint-Louis.
Jacques-Louis de Bonnay de Nonancourt, écuyer.
Charles-François de Bonnay de Belveau, chevalier, écuyer (sic).
Gabriel de Bonnay, écuyer, Sgr de Verpignon.
Pierre de Bonnay, écuyer, Sgr de Malberk.
François de Baudouin, écuyer, Sgr en partie de Froidos.
S. A. S. Mgr Louis-Joseph de Bourbon, prince de Condé, prince du sang, comte de Clermont, Stenay, Dun et Jametz, pair et grand-maître de France, etc.
Philippe-François-Edmond de Boutteville, chevalier, Sgr de Cumières.
Pierre de Brossard de Bazinval, écuyer.
Claude de Brossard de Trois-Fontaines, écuyer.
François de Brossard de Trois-Fontaines, écuyer.
Charles-François de Brossard, ancien off. au régt de Chartres-infanterie, écuyer.
Louis de Brossard, écuyer.
Louis de Brossard de Salcourt, écuyer.
Louis de Brossard de Mora, écuyer.
Claude-Antoine de Chartogne, chevalier, Sgr en partie du fief de Pimodan, chevalier de Saint-Louis, ancien capit. au régt d'infanterie de Chartres.
Martin de Chartogne, chevalier, Sgr en partie du fief de Pimodan, ancien off. au régt d'infanterie d'Orléans.
Dame Charlotte-Ferdinand de Chauvelin, veuve de Marie-Louis-Charles de Vassinhac, vicomte d'Imecourt, comte de Loupy et Brandeville, mestre de camp de cavalerie.
Dame Marie-Françoise de Cognon, veuve de M. François-Augustin Joseph, comte de Jobert, dame de la terre et Sgrie d'Harancourt et des dîmes inféodées du ban Saint-Maurice et ban de Bethincourt.
Gabriel-Ferdinand de Condé, écuyer.
Louis de Condé, écuyer.
Philippe-Théodore-Alexandre-Joseph de Condenhove, chevalier, Sgr de Cunel, Villome, etc.
Joseph, baron de Condenhove, chevalier, Sgr d'Iereville, Cunel, etc., chevalier de Saint-Louis.
Théodore-François-de-Paule de Custine, chevalier, comte de Wiltz et de Loupy, etc.
Jacques Desguyon de la Brière, écuyer.
François-Louis-Gabriel Dessault, chevalier, Sgr des deux Boulanes et autres lieux, capitaine commandant au régt d'infanterie de Monsieur, chevalier de Saint-Louis.
Louis-Marie Dorlodot d'Armond, écuyer.
François Dorlodot d'Autrecourt, écuyer.
Charles-François Dorlodot Dessars (des Essarts), écuyer.

Henri Dorlodot de Vermonchamp, écuyer.
Louis-François Dorlodot Dessart (des Essarts), écuyer.
François-Louis Dorlodot d'Argicourt, écuyer.
Claude Dorlodot Dessart, écuyer.
Charles-Alexandre Dorlodot Dessart, écuyer.
François-Charles Dorlodot d'Argicourt, écuyer.
André Dorlodot d'Armond, écuyer.
Christophe-Hubert Drouot de Villers, chevalier, Sgr de la terre et marquisat d'Esne, de la maison forte de Villers-sur-Meuze, Broville en Woivre, Mont-Meuse et ban Saint-Maurice, ancien off. au régt. des gardes françaises.
Claude Duhoux de Grandecourt, écuyer.
Jean Duhoux de Montigny, écuyer.
Louis Duhoux, écuyer?
François Duhoux, écuyer.
François-Louis Duhoux de Grandcourt, écuyer.
Louis-Joseph Dugroux de Lirac, chevalier, ancien off. au régt d'Alsace.
Charles Durand, écuyer, Sgr d'Oulnoux, conseiller au parlement de Metz, tuteur honoraire de Jean-Baptiste-Charles Martin de Gilvescourt, écuyer, mineur, avocat au parlement de Metz.
Jean-François-Philippe, comte d'Essophie Cernek, magnat de Hongrie, chevalier novice des ordres royaux et militaires de N.-D. de Montcarmel et de Saint-Lazare de Jérusalem, capitaine au régt de Colonel général des hussards, Sgr en partie de Villosne.
Jean-Charles de Failly, chevalier, Sgr foncier en partie du fief de la Neuville et autres lieux, chevalier de Saint-Louis.
François de Finance, écuyer.
Gabriel de Finance de Launois, écuyer.
Charles-Louis-François-Marie, écuyer, Sieur de Finance.
Jean de Foucault, écuyer.
Jean-Baptiste de Gelée, chevalier, Sgr du Chesnois, ancien off. d'infanterie.
Jean-Baptiste-Charles-Madelaine de Gentil, chevalier, Sgr foncier en partie de Lion devant Dun et du fief de Nœud à Mouzay.
Nicolas-François Grenel de Florimond, écuyer, Sgr de Lun.
D^{lles} Agathe, Antoinette et Marie-Catherine Grenel de Florimond, dames d'Autrecourt en partie.
François Grenel de Florimond, écuyer, Sgr en partie de Ville-sur-Couzance.
Dame Catherine-Nicole de Grutus, veuve de M. Charles de Gentil, chevalier, Sgr de Vivier et autres lieux.
D^{lles} Charlotte-Françoise de Grutus de Sauvoy et Louise de Gruthus de Saint-Cidoux.
Alexandre de Guillermin, chevalier de l'ordre militaire de Saint-Etienne de Toscane, chevalier, Sgr en partie de Chappy.
Charles-Mathieu Guillon de Ville, écuyer, chevalier, pensionnaire du roi, Sgr en partie dudit Ville-sur-Couzance.
Henry d'Herbemont, chevalier, Sgr de Charmois et autres lieux.
Dame Luce-Louise d'Hezeques, veuve en premières noces de M. Louis-Joseph, baron de Pouilly, et en secondes noces de Joseph, comte de

Gevigny, dame de Moxeville, Nepvant en partie, Quincy et autres lieux.

Pierre de Juillot, écuyer.

François de Juillot, écuyer, demeurant à la Challade.

Jean de Juillot, écuyer.

Joseph de Juillot, écuyer.

Louis de Juillot, de la Rouvrelle, écuyer.

François de Juillot, de la Rouvrelle, écuyer.

Dame Louise-Françoise de Julien, veuve de M. Claude d'Ecosse, écuyer, Sgr de Favry, des dîmes inféodées d'Esne, etc.

François-Louis-Joseph de la Cour, chevalier, Sgr de Jupille, etc.

Louis-Charles de la Casseigne de St-Laurent, chevalier, ancien officier.

Claude-François-Agapeth Lafitte, vicomte de Pelleporc, Sgr en partie de Landzecourt, ancien officier d'infanterie.

Claude-Nicolas de la Lance, écuyer, chevalier de Saint-Louis, Sgr de Fromereville.

Jean-Augustin-Dieudonné de Maret, chevalier, Sgr de Baalon, Brouaine, Nepvant en partie, et Brouelle, ancien mousquetaire du roi.

Daniel-Paul-Benjamin Martin de Gilvescourt, écuyer, mineur, officier au régt Royal-Roussillon.

Louis-Angélique de Mense de Bellegarde, ancien off. d'infanterie (de Manse).

Dame Marguerite Milles, veuve de Jean-Charles Ardouin de Saint-Maurice, lieutenant pour le roi à Briançon, dame de Germonville.

Alexandre-Nicolas-Charles-Marie-Léonard, marquis de Moriolles, major en second du régt de Penthièvre-dragons, chevalier, Sgr de Beauclair, etc.

Antoine-Jean-Marie Moyen de l'Escamoussier, écuyer, ancien officier au régt des chasseurs des Alpes.

François-Henri Paviot, chevalier, Sgr en partie de Cunel, capitaine commandant au régt de Neustrie, chevalier novice des ordres royaux et hospitaliers de N.-D. de Mont-Carmel et de Saint-Lazare de Jérusalem.

Henri de Paviot, chevalier, Sgr en partie de Cunel, Bréheville, demeurant en son château de Nantillois.

Dame Jeanne-Françoise de Perully, dame en partie du Grand-Clerry.

Nicolas-Albert, baron de Pouilly, Sgr de Ginvry et Cunel en partie.

Albert-Louis, baron de Pouilly, Sgr de Pouilly, Chaufour, Quincy, Luzy, Moulin et Villosne en partie, chevalier de Saint-Louis, maréchal des camps et armées du roi.

D^{lle} Jeanne-Françoise de Pouilly, dame en partie de Ginvry.

François de Prudhomme, chevalier, ancien capitaine d'artillerie, chevalier de Saint-Louis, propriétaire du fief de Malbercq.

Dame Marie-Thérèse de Saint-Cyr, veuve de M. Joseph Léonard de Saint-Cyr, chevalier de Saint-Louis, propriétaire du Pré prevot-fief.

Antoine-Charles de Saint-Vincent, chevalier, Sgr du fief de la Cour de Marveaux, chevalier de Saint-Louis, capitaine au régt de Périgord-infanterie.

Charles-Louis de Saint-Vincent, chevalier, officier au régt d'Auvergne-infanterie.

Henri-Victor de Trotter, chevalier, ancien capitaine de carabiniers, chevalier de Saint-Louis.
Louis de Valeing, chevalier, Sgr en partie de Luzy, demeurant à Vilosne.
Dame Jeanne Varoquier, veuve de M. Jean-Louis-Casimir Maucler, conseiller secrétaire du roi, propriétaire du fief de la Hardonnerie.
Louise-Scholastique de Watronville, douairière de Stanislas-Catherine d'Anthouard, écuyer, chevalier de Saint-Louis, pensionnaire du roi, ancien capitaine d'infanterie, dame de Vraincourt, Cheppy et Veri en Vermandois.
Dame Marguerite-Charlotte de Watronville, veuve de M. Joseph de Coste, chevalier de Saint-Louis, dame du fief de la Jardinette et de Landzecourt.

Députés des bailliages de Verdun, Marville et Clermont en Argonne.
(p. 433-435.)

Henri-Louis-René Desnos, évêque et comte de Verdun, prince du Saint-Empire ;
Sigisbert-Etienne Coster, chanoine de la cathédrale, vicaire général, vice official, syndic du diocèse et président de l'Assemblée du district de Verdun, députés du clergé de Verdun.

Pierre-Joseph Péraux, évêque de Tricomie, vicaire apostolique des îles et terres fermes du vent de l'Amérique française ;
Lambert Baudot, prêtre, curé doyen de Quincy, députés de l'ordre du clergé du Clermontois.
Norbert-Conrard de Wignacourt, chevalier de Saint-Louis ;
Claude-Nicolas de la Lance de Fromeréville ; députés de la noblesse Verdunoise et Marvilloise.
Albert-Louis, baron de Pouilly, Sgr dudit lieu, Chaufour, Quincy, Luzy, Moulin, Villosne en partie, chevalier de Saint-Louis, maréchal des camps et armées du roi ;
Jean-Louis de Bigaut du Grandrupt, chevalier de Saint-Louis, capitaine de cavalerie, ancien maréchal des logis des gardes du corps du roi, députés de l'ordre de la noblesse du Clermontois.

Jacques-Charles-François Deulneau, lieutenant prévôt de la maréchaussée générale des trois évêchés ;
Nicolas-Gabriel Ternaux, chevalier de Saint-Louis ;
Jean-Nicolas Gillon, avocat en parlement ;
Jean Loison, ancien prévôt de la prévôté royale de Marville, députés du tiers-état du Verdunois et du Marvillois.
Marie-Alexandre Dupré de Ballay, conseiller procureur du roi au bailliage des cas royaux du Clermontois ;
Robert-François George, conseiller garde scel au bailliage de Varenne.
Jean-Nicolas Collas, avocat au parlement, Sgr d'Ancerville ;
Jacques Destez, négociant à Mons, députés du tiers-état du Clermontois.

LISTE DES DÉPUTÉS DES TROIS ORDRES

AUX ÉTATS GÉNÉRAUX DE 1789.

BAR-LE-DUC EN BARROIS.

Simon, curé de Woel.
Collinet, curé de Ville-sur-Iron.
Aubry, curé de Veel.

Le duc du Châtelet.
Le vicomte du Hautoy, maréchal de camp.
De Bousmard, capitaine au corps royal du génie.

Marquis, avocat à Saint-Mihiel.
Viard, lieutenant de police à Pont-à-Mousson.
Ulry, avocat du roi au bailliage de Bar.
Duquesnoy, avocat et syndic provincial de Lorraine et Barrois.
Bazoche, avocat du roi à Saint-Mihiel.
Gossin, lieutenant général civil et criminel au bailliage de Bar.

Huot de Goncourt, avocat, député du bailliage du Bassigny-Barrois.

METZ, THIONVILLE, SARRELOUIS ET LONGWY.

Thiébaut, curé de Sainte-Croix, à Metz.
Brousse, curé de Volkrange.

Le comte de Custine, maréchal de camp.
Wolter de Neurbourg, maréchal de camp (1).

Emmery l'aîné, avocat au parlement.
Mathieu de Rondeville, avocat au parlement.
De La Salle, lieutenant général du bailliage à Sarrelouis.
Claude, avocat à Longwy.

MIRECOURT.

Galland, curé de Charmes.
Godefroy, curé de Nonville.

Le comte de Toustain de Viray.
De Menonville.

---

(1) La noblesse du bailliage de Metz nomma *directement* comme députés aux états généraux M. le baron de Poutet, conseiller au parlement, et M. de Turmel, colonel d'infanterie, suppléant. Le tiers-état nomma directement M. Maujean, ainsi qu'on l'a vu plus haut, p. 30, et M. Séchehaye, suppléant, mais aucun de ces quatre députés ne fut admis.

Petit-Mengin, procureur du roi à Saint-Diez.
Chantaire, conseiller au présidial de Mirecourt.
Fricot, procureur du roi de Remiremont.
Cherrier, lieutenant général de Neufchâteau.

NANCY.

L'évêque de Nancy.
Grégoire, curé d'Emberménil.

Le comte de Ludres, maréchal de camp.
Le chevalier de Boufflers, maréchal de camp.

Regnier, avocat au parlement.
Prugnon, avocat au parlement.
Regneault, avocat du roi à Lunéville.
Salle, médecin à Vézelise.

SARREGUEMINES.

Verdet, curé de Vintrange.
Colson, curé de Nitting.

Le comte d'Helmstatt, ancien colonel de cavalerie.
Le comte de Gomer, maréchal de camp, commandeur de Saint-Louis.

Schmits, avocat à Château-Salins.
Antoine, lieutenant général du bailliage de Boulay.
Mayer, avocat.
Voidel, avocat à Morhanges.

SEDAN, MOUZON, MOHON ET CARIGNAN.

Fleury, curé d'Ige, licencié en théologie.

Le comte d'Estagniol, grand-bailli d'épée.

Dourthe, procureur du roi à Sedan.
Millet de la Mambre, lieutenant général au bailliage de Mohon.

TOUL ET VIC.

Bastien, licencié en théologie, doyen curé de Xeuilley.

Le comte de Rennel.

Maillot, lieutenant général au bailliage de Toul.
Gérard, avocat, syndic de Vic.

VERDUN ET CLERMONT EN ARGONNE.

Coster, chanoine et archidiacre de Verdun.

Le baron de Pouilly, maréchal de camp.

Dupré de Ballay, procureur du roi du Clermontois.

Suppléants.

BAR-LE-DUC.

Pellegrin, curé de Sommerécourt.
Charvet, avocat général au parlement de Nancy.
De Malartic, lieutenant de roi en survivance à Nancy.
Maury, avocat et prévôt de Sampigny.
Michel, notaire royal, à Saint-Mihiel.

METZ.

Génot, curé de Cheny.
Georgel, curé et archiprêtre de Sarrebourg.
Richard, baron d'Uberhern, chevalier de Saint-Louis, capit. du génie.
Maillard de la Martinière, lieut. général au bailliage de Longwy.
Galland, négociant, à Noviant.
Collin, substitut du procureur général du parlement de Metz.
Bertin, admodiateur, à Mars-la-Tour.
Durbach, *aliàs* d'Hurbach, cultivateur à Cattenum.
Sechehaye, procureur syndic de l'hôtel-de-ville.

MIRECOURT.

Haxo, prévôt à Saint-Diez.
Fevrel, procureur du roi au bailliage de Bruyères.
Coster, avocat du roi au bailliage d'Épinal.
Vogieu, avocat à Épinal.

NANCY.

Houillon, curé à Crépey.
Le prince Emmanuel de Salm.
Le marquis de Raigecourt.
Plassiard, conseiller au bailliage de Nancy.
Blampain, avocat à Rambervillers.

SEDAN.

Le curé de Mouzon.
Le marquis de Moriolles.
Mangein, maire de la ville de Mouzon.

TOUL.

Chatriant, curé de Saint-Clément, paroisse de Vic.
Le comte d'Alençon, à Toul.
François de Neufchâteau, ancien lieutenant général au bailliage de Mirecourt.
Pagny, procureur du roi à Vic.

PARLEMENT DE METZ.

Présidents

Hocquart, premier.
Du Tertre.
De Chazelles.
Goullet.
Hocquart.

Goussaud.
La Salle.
Vanroude de Beauterre.
De L'Aubrussel.

Conseillers.

De Blair, doyen.
De Julvécourt.
Ancillon de Cheuby.
Ancillon de Jouy.
Liabé.
Royer.
Faure de Fayolle.
Durancy.
Cabouilly.
Ganot.
De Cheppe.
Jobal de Pagny.
De Laubrussel.
Goussaud de Montigny.
Beausire;
Durand.
Crévon de Mirecourt.
Poutet.
Goullet.
De Brazy.
Plateau de Veymerange.
Ancillon d'Aveu.
Le Sellier de Chezelles.

Blaise de Roserieulles.
Jannot.
George d'Alnoncourt.
De Ville.
Barbé de Marbois.
George d'Alnoncourt.
Hollande de Colmy.
Rœderer.
Lanty.
Guerrier.
Geoffroy.
Jacobé de Frémont.
Jobal.
Martin de Julvécourt.
Moutier.
De Chazelles.
Dutertre de Trouville.
D'Hausen de Weidesheim.
De Lançon.
De Feriet de Ceintrey.
Bourdelois.
D'Arancy.
Rouillon.

Conseillers d'honneur-nés.

L'évêque de Metz.
L'évêque de Toul.
L'évêque de Verdun.
L'abbé de Gorze.

L'abbé de Saint-Arnould de Metz.
Le gouverneur de la province.
Le lieutenant de roi en la province.

Conseillers d'honneur.

Mathieu de Montholon.
François de Montholon.
Bertrand de Boucheporn.

Conseillers chevaliers d'honneur.

Du Pasquier de Fontenoy.   Jobal.

Gens du roi.

Foissey, avocat général.   De Lançon, proc. général.
Durand, avocat général.

CHAMBRE DES COMPTES DE METZ

Conseillers correcteurs.

Menuisier.   De Lorme.

Conseillers auditeurs.

Dechambrun Duxloup.   Jeoffrenot de Montlebert.
Grandjean.   Des Points.

CHANCELLERIE PRÈS LE PARLEMENT.

1752. De Beauvais, garde des sceaux, à Tours.
1779. Jolly, garde des sceaux, à Nancy.

Secrétaires du roi.

1765. Pottier d'Ennery, à Metz.
1773. Catoize de Moulainville, à Verdun.
1775. Vigiers de Farges, à Saint-Flour.
Pernot de Fontette, à Jornes, près Moyenvie.
1776. Robin de la Cotardière, à Issoudun.
Compagnon, à Bordeaux.
1777. Falvelly, à Aurillac.
Giroust, à Mitry en Fr., près Claye.
1778. Lestre, à Semur en Auxois.
Percheron de Monchy, à Paris.
1781. Augier Durousseau, à Saint-Jean d'Angély.
Chappé, à Nancy.
Sauret Descombets, à Beaumont, en Auvergne.
1782. Quérengal, à Pontivy.
Destremx, à Saint-Christol, près Alais.
De Guillon, à Pont-de-Vaux.
Royer de la Motte, à la Flèche.
1783. De Guiraudet, à Alais.
Darcy, à Nemours.
1785. Marchand, à Etain.
Le Febvre.
1786. Delphin Legardeur, à Sedan.
1787. Poulain de Sossieux.
Lignieyron de Marquigny-aux-Bois, à Rethel-Mazarin.
Dardare, à Saint-Mihiel.

PARLEMENT DE NANCY.

1788.

Présidents.

De Cœurderoy, premier.
De Vigneron.
Pierre de Sivry.

Doré de Crépy.
De Perrin.
De Vigneron de Lozanne.

Conseillers-prélats.

De Fontanges, évêque primat de Nancy.
Des Michels de Champorcin, évêque de Toul.
De Chaumont de la Galaisière, évêque de Saint-Diez.
De Mahuet de Lupcourt, grand-doyen de l'église primatiale.

Conseiller chevalier d'honneur.

Le maréchal, prince de Beauvau.

Conseillers.

Le Duchat d'Aubigny, doyen.
Sallet.
Pagny.
De Millet de Chevers.
Le Goux de Neuvry.
Cachedenier de Vassimon.
De Maurice.
Rouot de Flin.
De Marcol de Manoncourt.
Besser.
De Benamenil.
Garaudé.
Colin de Benaville.
Protin de Vulmont.
Le Febvre.
Renauld d'Ubexi.

De Bazelaire de Saulcy.
Pelet de Bonneville.
De Bouvier de Rouverois.
Brunet de Cramilly.
Regnault d'Irval.
De Rogeville.
Roxard de la Salle.
Beyerlé.
De Fisson du Montet.
Anthoine.
De Marcol.
De Bouteiller.
Du Bois de Riocour.
De Roguier.
Gérard d'Hannoncelles.

Gens du roi.

De Marcol, conseiller d'état, procureur général.
De Marcol de Manoncourt, procureur général en survivance.
Collenel, avocat général.
Charvet, avocat général.
De Chaumont de la Millière, avocat général, honoraire.

CHANCELLERIE DU PARLEMENT.

M. Grangier, garde des sceaux.

Secrétaires du roi.

Dureau, doyen.
Lasnier.
De Bellegarde.
Guerre de Saint-Odille.
Maynard.
Rambaux.
Negron.
Charost.
Wathier.

Archin.
Cornuaud.
Dupin.
Trumel.
Du Vernay.
Pauliot.
Greppo.
Jacoud.
Blondin.

Conseillers référendaires.

Jacquemin l'aîné.
Recouvreur.
Chevalier.

Cléret.
Rousseaux, trésorier, receveur des émoluments du sceau.

CHAMBRE DES COMPTES

COUR DES AIDES, DOMAINES ET FINANCES DE LORRAINE.

Présidents.

1756. Dubois, comte de Riocourt, premier.
1781. Le comte de Riocourt, fils, en survivance.
1776. Lefebvre de Montjoie.
1778. Léopold-Charles Lefebvre.

Conseillers.

De Roguier, doyen.
Drouot de Saint-Mard.
Duparge.
Leclerc de Vrainville.
De Thomassin.
Thibault de Montbois.
François.
Duparge d'Ambacourt.
Mathieu de Moulon.
Magny.

Le Geay.
Le Masson de Rancé.
De Hurd.
D'Hame.
Gaulthier.
Magny.
Duparge de Bretoncourt.
Mique d'Heillecourt.
De Bouvier de Langlay.
De Gaye de Bourguet.

Gens du roi.

Anthoine, procureur général.
Anthoine, procureur général en survivance.
De Maud'huy, avocat général.

CHAMBRE DES COMPTES

COUR DES AIDES, DOMAINES ET FINANCES DU DUCHÉ DE BAR.

Premier président.

1775. Gabriel de la Morre, chevalier, conseiller honoraire au parlement de Lorraine.
1782. De la Morre d'Errouville, en survivance.

Conseillers-maîtres.

Le vicomte Le Bègue de Nousard, doyen.
Varjeur.
De Vassart d'Andernay.
De Longeau.
De la Morre Villanbois.

De Jobart de Guerpont.
De Maillet de Villotte.
De Bar.
De Vyart.
De la Morre d'Errouville.
De Vendières.

Gens du roi.

Mousin, procureur général.
De Cheppe de Morville, av. gén.

GÉNÉRALITÉ DE LORRAINE ET BARROIS.

1784. M. de la Porte de Meslay, maître des requêtes, intendant.

GÉNÉRALITÉ DE METZ.

1778. M. de Pont, maître des requêtes ordinaires, intendant.

BUREAU DES FINANCES DE METZ.

Présidents.

Elminger d'Angevillers, premier.
Suby.

De Gironcourt, chevalier d'honneur.

Trésoriers de France.

Manguay de Betting.
Bliard.
Galhau de Femestroff.
Motte d'Atteviller.
Gallois.
Georges.
Dupont.
Basoge.
Seignier.

Yvon.
Poncet.
Olry de la Bry.
De Tuméjus.
Le Payen.
La Croix d'Hanonstadt.
Bliard.
Catoire de Bioncourt.
Degoutin, procureur du roi.

(*État des Cours de l'Europe et des provinces de France*, in-8°, 1788. — Bibl. imp. G. 1533, c. 5.)

CHAPITRES NOBLES D'HOMMES

SAINTE-CHAPELLE DE BAR.

Etienne-François-Xavier des Michels de Champorcin, évêque de Toul, chanoine d'honneur.

De Maillet.
De Vendières.
De Vendières.
De Poirson.
De Vassimon.
D'Hausen.
De Perret.
De Vyart.
De Cheppe.

De la Morre.
Varin.
André.
De Vassimon.
Guérin de la Marche.
Mellet de Rejaumont.
De Marne.
Bertrand.
De Vassimon de Desaumon.

CATHÉDRALE DE SAINT-DIEZ.

Les preuves qui donnaient entrée dans ce chapitre étaient de trois degrés de noblesse paternelle. Quatre canonicats pouvaient être possédés par des docteurs en théologie qui étaient dispensés de prouver leur noblesse.

Barthélemy-Louis-Martin de Chaumont, évêque de Saint-Diez.

De Tonnois.
D. M. Abram.
De Seychamps.
L'archid. de Saint-Diez.
L'archid. d'Épinal.
De Sérocourt.
De Montauban.

P. F. Abram.
De Thionville.
De Ramberville.
Heré.
De Mitry.
De Friant.
A. F. Raulin.

Du Moncey.   De Thumery.
Du Houx.   De Saint-Privé.
D'Huart.   De Huvé.
P. J. Gandin.   J. S. Gandin.
Rouot.   D'Abram.
Alleaume.   D'Agoult.
De la Chambre.

CATHÉDRALE DE METZ.

Ce chapitre était composé de trente-huit canonicats, dont vingt-huit étaient affectés aux nobles qui étaient tenus de faire preuve de trois degrés de noblesse.

Louis-Joseph de Montmorency-Laval, premier baron chrétien, évêque de Metz, 1760, désigné cardinal par le roi en 1779, grand-aumônier de France, commandeur de l'ordre du Saint-Esprit, 1786.

Le Bègue de Majainville.   Nancy.
De Montholon.   Boulanger.
De Besse de la Richardie.   Bertin.
De Saintignon.   Jobal.
De Chambre.   De Marieu de Frémery.
De Chambre d'Urgons.   D'Hamelin de Beaurepaire.
De Laubrussel.   De Ficquelmont.
Fromantin.   De Sinéty.
De la Roche.   Vernier.
Dulau Candale.   Ravaut.
De Fumé.   De Cuny.
Moreau de Veronne.   De Thémines.
De Clinchant d'Aubigny.   De Lasteyrie de Saillant.
Protais du Perier.   De Ferrier.
De Meyros de la Roquette.   De Vareilles.
Jobal de Pagny.   De la Motte Fénelon.
Nioche.   De Lambertye.
Lalliat.   De Villavicentio.
De Durand du Puget.

CATHÉDRALE DE NANCY.

Les preuves de ce chapitre étaient de quatre générations de noblesse paternelle, le présenté compris. Quatre chanoines pouvaient être admis, mais ils devaient être docteurs en théologie ou en droit canon.

François de Fontange, évêque de Nancy le 17 août 1783.

Le Roi, premier chanoine.   L'archid. de Nancy.
Mahuhet de Lupcourt.   L'archid. de Lunéville.
De Vintimille-Lascaris.   De Ligniville.
De Bressey.   De Gourcy.

Anthoine.
Sallet.
De Malvoisin.
Du Houx de Dombasle.
Des Noyers de Bréchainville.
De Marcol.
De Lort de Saint-Victor.
Remi de Turique.
Protin de Vulmont.
Barail.

Thouvenel.
Person de Grandchamp.
De Gellenoncourt.
De Gastel.
D'Oppel.
De Crèvecœur.
De Fontallard.
Camus.
Du Cueillet.

Chanoines d'honneur.

Louis-Hector-Honoré-Maxime de Sabran, des comtes de Forcalquier, évêque de Laon, ancien primat.
Louis-Appollinaire de la Tour-du-Pin-Montauban, archevêque d'Auch, premier évêque de Nancy en 1778.

SAINT-ÉTIENNE DE TOUL.

Les preuves étaient de trois degrés de noblesse paternelle, et cette preuve était de rigueur depuis un arrêt du conseil d'état, du 30 août 1777.

Etienne-François-Xavier des Michels de Champorcin, évêque de Senez en 1771, évêque de Toul en 1773.

De Vantoux.
De Huz.
Tardif.
Pagel.
De Tréveneuck.
Rollin.
Cuisin de Montal.
Pelet de Bonneville.
Ducrot.
Hebert.
De Roche.
Du Poirier.
Montignot.
Talon.
De la Cour.
De la Roche-Ennor.
Thiébault.
Pallas.
Louis.

Beurard.
Tardif d'Hamonville.
Sirejean.
Sublet d'Hudicourt.
Lecomte.
Thierry de Saint-Raussant.
Dessoffy de Saint-Cserner.
1778. De Cholet.
De Fontaine de Jumilhac.
1780. De Manessy.
1780. De Caffarelli.
1781. De Causséa de Mauvoisin.
1782. Barthélemy.
1783. De Lée.
1785. Daulnoi.
1786. De Taffin.
1784. Dessoffy de Poséga.
1785. De Busselot.

Chanoine d'honneur.

Drouas, ancien grand-chantre.

CHAPITRES NOBLES DE DAMES

BOUXIÈRES-AUX-DAMES.

Pour être admise dans ce chapitre, il fallait faire preuve de neuf générations de noblesse chevaleresque des deux côtés.

De Messey, abbesse.
Morh de Betzdof.
De Gleresse.
De Moy de Sons.
De Ligniville.
De Boisgelin de Kerdu.
De Lort.

De Montesquiou.
De Landerberg.
De Schneulin.
De Saint-Belin.
De Bollscheweil.
D'Andlaw.

ÉPINAL.

Pour être admise dans ce chapitre, il fallait faire preuve de neuf générations de noblesse, sans principe connu, et des deux côtés.

D'Argenteuil.
De Gourcy.
De Montmorillon.
Le Bacle de Moulin.
De Dobbelstein.
De Ferrette.
De Ficquelmont.
De Schauvenbourg.
Duhan.
Duhan de Brunier.
De Boecklin.

Schauvenbourg d'Hirlesheim.
De Pont Rennepont.
De Mitry.
De Gourcy de Savigny.
De Dampierre.
De Boeckline de Mersbourg.
De Flavigny.
Bernardine de Flavigny.
De Reinach.
De Montesquiou-Fézenzac.
De Chastenay.

POUSSAY.

Pour être admise dans ce chapitre, les preuves étaient de neuf générations de noblesse chevaleresque des deux côtés.

De Bassompierre, abbesse.
De Fussey.
De Walsh.
De Fussey de Mélay.
De Choiseul.
De Ficquelmont.
De Lavaulx.
De Mitry.
De Lavaulx de Sommérécourt.

De Mitry de Francquemont.
De Ligniville.
De Sommyèvre.
De Bassompierre.
De Pouilly.
E. de Lur-Saluces.
A. de Lur-Saluces.
De Ficquelmont de Parroye.

REMIREMONT.

Pour être admise dans ce chapitre, les preuves étaient de neuf générations de noblesse chevaleresque des deux côtés.

S. A. S. Madame la princesse Louise de Bourbon-Condé, abbesse.

De Briey.	De Reinach.
De Ferrette.	De Schonau.
De Closen.	De Montjoye-d'Hirsingue, nièce.
De Montjoye.	Gabrielle de Raigecourt.
De Lénoncourt.	De Stadion.
De Muggenthal.	De Monspey-Vallière, nièce.
De Wagen.	D'Albert, nièce.
De Lentilhac-Gimel.	De Wangen-Wangebourg.
De Lentilhac.	De Rinck.
D'Hohenzollern-Bergh.	Marguerite de Mostuéjouls.
De Zurhins.	De Reinach Steinbronn, nièce.
De Wolhens.	De Montjoye d'Emericourt, nièce.
Duc de Jodoch.	Zoé de Boisgelin, nièce.
De Messey de Bielle.	Schonau-Saazen.
De Messey Vaingle.	De Wangen-Gerolseck, nièce.
A. de Messey.	De Beauffremont, nièce.
De Schawenbourg.	De Messey-Sandrecourt.
De la Tour.	De la Tour d'Hazeville, nièce.
De la Tour Jeandelise.	De Lalegen, nièce.
De Raigecourt.	De Freiberg, nièce.
De Raigecourt-Gournay, nièce.	De Raigecourt, nièce.
De Monspey.	De Gain, nièce.
De Monspey-Vuri.	De Baufremont, nièce.
De Monspey d'Arma.	D'Andlau, nièce.
De la Rue, nièce.	De Crécy, nièce.

SAINT-LOUIS DE METZ.

Pour être admise dans ce chapitre, il fallait faire preuve de noblesse d'extraction et d'une filiation non interrompue du côté paternel jusqu'à l'année 1400, et de la noblesse du sang de la mère.

De Choiseul, abbesse.	De Beaujeu.
Morh do Waldt.	De Béarn.
De Hautoy.	De Choiseul-Meuse.
De Laubespin.	De Chauvigny.
De Lévis.	De Chérisey.
De la Porte.	De Raigecourt.
D'Ars.	De Causans.

Coadjutrices.

Du Saillant.	D'Andlaw.
De Chastenay.	De Brémont.
De Lasteyrie du Saillant.	De Roncherolles.
Félicité de Choiseul.	Caroline de Raigecourt.
De Beaumont.	

(*La France chevaleresque et chapitrale*, 1787.)

www.ingramcontent.com/pod-product-compliance
Lightning Source LLC
Chambersburg PA
CBHW070657050426
42451CB00008B/400